21.9.2012

॥ हार्दिक शुभेच्छा ॥

Ayurveda-Küche

Nicky Sitaram Sabnis

Ayurveda-Küche
SCHNELL UND UNKOMPLIZIERT

Fotos von Sabine Mader
und Ulrike Schmid

AT Verlag

Dieses Buch widme ich mit Liebe und Hingabe
»Sister« Frau Scholastica McQueen OSB von der
Abtei Frauenwörth im Chiemsee.

2. Auflage, 2012

© 2011
AT Verlag, Aarau und München
Lektorat: Heidrun Schoppelrey, Fürth
Fotos: Sabine Mader und Ulrike Schmid
Bildaufbereitung: Vogt-Schild Druck, Derendingen
Druck und Bindearbeiten: Printer Trento
Printed in Italy

ISBN 978-3-03800-557-5

www.at-verlag.ch

Inhalt

Einführung

- 7 Der Ursprung des Ayurveda
- 7 Die fünf Elemente
- 9 Die drei Doshas
- 10 Der Konstitutionstest
  - 11 Körperliches Aussehen nach den Doshas
  - 12 Verstand und Emotionen nach den Doshas
- 13 Die sechs Geschmacksrichtungen (Rasas)
  - 13 Der süße Geschmack (Madhura)
  - 13 Der saure Geschmack (Amla)
  - 13 Der salzige Geschmack (Lavana)
  - 13 Der scharfe Geschmack (Katu)
  - 14 Der bittere Geschmack (Tiktha)
  - 14 Der herbe, zusammenziehende Geschmack (Kashaaya)
  - 14 Harmonisierung von Vata, Pitta und Kapha
- 15 Jatharagni und Ama
  - 15 Jatharagni, das Verdauungsfeuer
  - 16 Ama, die Schlacken
  - 16 Verhalten und Ernährung während einer Entschlackungskur
- 17 Ernährung im Ayurveda
  - 18 Dosha-Ausgleich durch die Ernährung
  - 19 Leitlinien für die drei Doshas
  - 19 Sherbet, Tridosha-Curry und Churnams
  - 22 Ghee

Die Rezepte

- 25 Ayurveda für den Alltag: Die Tridosha-Küche
  - 25 Die Basisausstattung der ayurvedischen Küche
  - 26 Anmerkungen zu den Rezepten

- 28 Getränke
- 36 Suppen
- 42 Pasta
- 50 Getreide und Hülsenfrüchte
- 60 Gemüsegerichte
- 74 Rezepte für den Berufsalltag
- 80 Gerichte für Kinder und Jugendliche
- 88 Fisch und Fleisch
- 100 Salate und Sandwiches
- 106 Rezepte für die Entschlackung
- 110 Nachspeisen
- 115 Frühstücksgerichte
- 118 Klassisch indisch-ayurvedische Speisen

- 124 Danksagung
- 124 Adressen
- 125 Rezeptverzeichnis

Einführung

Der Ursprung des Ayurveda

Ayurveda ist die traditionelle Medizin Indiens, eines der ältesten und umfassendsten Medizinsysteme und eine Lebensphilosophie. Der Begriff »Ayurveda« setzt sich zusammen aus »ayu« = Leben und »veda« = Wissen. Er bezeichnet also das »Wissen vom Leben«. Grundlage des Ayurveda sind die Veden, heilige Schriften Indiens aus der Zeit 3000 v. Chr. und der Atharvaveda, der circa 1200 v. Chr. entstand. Dort finden sich bereits Beschreibungen von Pflanzen und Mineralien. Auch die heilkräftige Wirkung natürlicher Elemente wie Wasser, Feuer und Wind wird hier schon erwähnt. Während vieler Jahrhunderte wurde von Ärzten und Gelehrten ein enzyklopädisches Wissen über Gesundheit und Krankheit, über Vorsorge und Heilung und über die richtige Ernährungsweise gesammelt. Zur ayurvedischen Medizin gehören diese Bereiche: Innere Medizin, Augenheilkunde, Kinder- und Frauenheilkunde, Toxikologie (Wissenschaft von den Giften und ihren Wirkungen), Hals-Nasen-Ohrenheilkunde und Chirurgie. Auch die Psychologie und Psychiatrie, die Farbtherapie, die Heilkräuterkunde und die Ernährungslehre spielen im Ayurveda eine Rolle.

Alle im Ayurveda beschriebenen Wege zur Erhaltung der Gesundheit und der Beseitigung von Krankheiten dienen letztendlich dem Ziel der spirituellen Weiterentwicklung des Menschen. Der Zustand von Glück und Zufriedenheit, den wir durch eine uns gemäße Lebensweise und Ernährung erreichen können, hilft uns, zur Einheit mit unserer wahren Natur – unserem höheren göttlichen Selbst – zurückzufinden.

»Ayurveda gehört weder dem Osten noch dem Westen, weder der alten Vergangenheit noch der modernen Zeit. Ayurveda ist eins mit allem Leben, ein Wissen, das allen Lebewesen gehört, kein System, das von außen auferlegt wird, sondern eine Quelle, von der man reichlich schöpfen kann.« (David Frawley, »Die Ayurveda Pflanzen-Heilkunde«)

Die fünf Elemente

Was geschieht in der Natur bei Sonne, Wind und Regen? Wie reagiert die belebte Natur auf Tages- und Jahreszeiten, Hitze und Kälte, Trockenheit und Feuchtigkeit? Die Gelehrten des alten Indiens betrachteten das Wirken der Naturkräfte und beobachteten deren Einfluss auf die Menschen. Sie erkannten die Zusammenhänge zwischen Natur und Mensch und fanden heraus, dass die Elemente im Menschen genauso zum Tragen kommen wie überall sonst in der Natur. Die Basis des Ayurveda ist das Wissen um die Eigenschaften und die Wirkung der Elemente in Mensch und Natur.

Jedes Lebewesen, jede Pflanze, jeder Stein, jeder »Stoff«, den es im Universum gibt, enthält die fünf Elemente, jedoch in recht unterschiedlichen Anteilen. Die fünf Elemente, die wir in der Natur und in uns selbst finden, beschreiben fünf Zustandsformen und sind die Bausteine des Lebens.

Ätherisch = Äther/Raum
Gasförmig = Luft
Strahlend = Feuer
Flüssig = Wasser
Fest = Erde

ÄTHER/RAUM
Zuerst muss Raum vorhanden sein: Nur durch die Existenz von Äther/Raum wird die Schöpfung möglich. Raum ist nicht fassbar, alles durchdringend, in allem enthalten. Er ist subtilste, feinstoffliche Energie. Das Nervensystem ist Teil des Elements Äther.

LUFT
Aus der Verdichtung des Äthers bildet sich das Luftelement. Ohne Luft, die den für uns lebensnotwendigen Sauerstoff enthält, endet unser Leben in wenigen Minuten. Bewegte Luft ist der Wind. Luft ist trocken, kalt, leicht, immer in Bewegung, subtil, fein. Sie ist der Teil der Atmung und ermöglicht Bewegung.

FEUER
Aus der Reibung der Luft entsteht das Feuerelement. Feuer hat eine transformierende Kraft, die alle Umwandlungs- und Stoffwechselprozesse in Gang setzt. Ohne das Feuer der Sonne, ihr Licht und ihre Wärme gäbe es kein Leben auf der Erde. Feuer ist dynamisch, aktiv, dehnt sich aus und hat eine zerstörerische Kraft. Feuer ist heiß, strahlend, hell, beweglich, leicht, fein.

WASSER
Aus der Hitze des Feuers kondensiert sich das Wasserelement. Wasser ist der Hauptanteil der Elemente in allen Lebewesen. Ohne Wasser kein Leben. Wasser ist Nahrung, es stillt den Durst, kühlt und reinigt. Wasser füllt Räume, befeuchtet und durchdringt die Erde, kann Raum und Luft verdrängen. Wasser ist flüssig, kalt, beweglich, feucht. Wasser manifestiert sich im Blutkreislauf und den Säften des Körpers.

ERDE
Aus der Dichte des Wassers entsteht schließlich die Erde. Sie ist wie eine Mutter: empfangend, nährend, bewahrend. Aus der Erde wächst unsere Nahrung, die uns sättigt und den Körper aufbaut. Erde gibt Halt, Form und Struktur. Alle Substanzen, die Halt und Festigkeit geben, gehören zum Element Erde. Erde füllt Räume, kann Feuer ersticken, nimmt Wasser auf. Erde ist kalt, feucht, schwer, langsam, statisch. Im Körper bildet sie alle festen Strukturen wie Knochen, Zähne, Nägel und Haare.

Die drei Doshas

Die fünf Elemente bilden die drei vitalen Kräfte des Ayurveda, die so genannten Doshas: Vata, Pitta und Kapha. Jeweils zwei Elemente beschreiben ein Dosha:

Vata – Raum und Luft
Pitta – Feuer und Wasser
Kapha – Wasser und Erde

Diese drei Lebensenergien steuern die Abläufe des Körpers auf allen Ebenen: geistig, seelisch und körperlich. Jedes Dosha hat seine eigenen Eigenschaften und Aufgaben und alle ergänzen sich auf harmonische Art und Weise.

VATA (Raum und Luft)
Trocken, kalt, leicht, beweglich, subtil/feinstofflich, rauh, veränderlich, instabil, unregelmäßig.

PITTA (Feuer und Wasser)
Heiß, leicht, beweglich, subtil, scharf, klar, etwas ölig.

KAPHA (Wasser und Erde)
Feucht, kalt, schwer, stabil, langsam, träge, fest, dumpf, klebrig, weich.

Die Doshas steuern die physiologischen und biochemischen Vorgänge durch ihre Eigenschaften und ihre Energie:

VATA = Bewegungsenergie
PITTA = Umwandlungs-, Stoffwechselenergie
KAPHA = Erhaltungsenergie

Alle körperlichen (physiologischen und funktionellen Vorgänge) laufen unter Kontrolle der Doshas in ständiger Wechselwirkung ab und bilden ein flexibles (fließendes) Gleichgewicht. Jedes Dosha ist in jeder Körperzelle vorhanden und somit in jedem Gewebe, Organ und Körperteil – wenn auch in unterschiedlicher Gewichtung. Jedes Dosha hat einen Hauptsitz im Körper; dieser Körperteil kann bei Disharmonie und Störungen durch therapeutische Maßnahmen und Ernährung ausgeglichen werden.

VATA
Vata ist für alle Aktivitäten und Bewegungsabläufe im Körper zuständig: Ein- und Ausatmung, Blutkreislauf, Ausscheidungsvorgänge, Nervenimpulse. Es ist zuständig für Bewegung, Spontaneität, Empfindung und Emotionen.
Lokalisation: Hauptsitz von Vata ist der Dickdarm. Vata befindet sich außerdem in den Hüften, Knochen (Gelenken) und Ohren.

PITTA
Pitta ist zuständig für alle Stoffwechselvorgänge: von der Verdauung bis hin zur Zellebene. Außerdem herrscht es über die Körpertemperatur, die Sehkraft und die Hautbeschaffenheit. Es reguliert Hunger und Durst.
Lokalisation: Hauptsitz von Pitta ist der Dünndarm und speziell der Zwölffingerdarm. Dort wirkt Pitta, um mit Hilfe saurer, scharfer Säfte die Nährstoffe zu verdauen. Außerdem befindet sich Pitta im Magen (saurer Magensaft), in Blut, Augen und Schweiß.

KAPHA
Kapha dient dem Aufbau und Erhalt unseres Körpers. Es gibt dem Körper, allen Organen, Geweben und Zellen ihre Form und Struktur.

Lokalisation: Der Hauptsitz von Kapha befindet sich in der Brust und den Bronchien, in der Kehle und im Kopfbereich. Außerdem findet sich Kapha im Magen, in der Nase und Zunge, im Hals, der Lymphe und im Fettgewebe.

Die Bioenergien Vata, Pitta und Kapha steuern nicht nur den Körper und seine Funktionen. Auch unsere geistigen und psychischen Anlagen, Fähigkeiten, Stärken und Schwächen haben mit der individuellen Ausprägung der Doshas zu tun: Vata sorgt für geistige Beweglichkeit, Pitta steht für Handlungsfähigkeit und Willenskraft. Kapha dient der Selbsterhaltung und Stabilität

Der Konstitutionstest

Im Ayurveda spricht man davon, dass das Mischungsverhältnis der drei Doshas (oder der fünf Elemente) von Geburt an festgelegt ist. Diese Grundkonstitution heißt »Prakruti«. Die individuelle Aufteilung der fünf Elemente bleibt das ganze Leben bestehen; sie definiert das Gleichgewicht des Einzelnen. Wird dieses erhalten und gepflegt, ist der Mensch gesund.

Es gibt sieben Konstitutionstypen. Bei den drei »reinen« Typen herrscht ein Dosha eindeutig vor: beim Vata-Typ, dem Pitta-Typ und dem Kapha-Typ. Bei den Mischtypen überwiegen zwei der Doshas in ihren Merkmalen deutlich vor dem dritten. Hier spricht man von Vata-Pitta (Pitta-Vata), Vata-Kapha (Kapha-Vata) oder Pitta-Kapha (Kapha-Pitta). Eher selten sind alle drei Doshas gleichmäßig verteilt. In diesem Fall handelt es sich um den Vata-Pitta-Kapha-Typ. Zu welchem Konstitutionstyp Sie gehören, können Sie im Folgenden entdecken.

Das Wissen um die individuelle Konstitution ist im Ayurveda wichtig, damit die Ernährung für den Einzelnen angepasst werden kann. Bei der Beschreibung der Doshas haben Sie sich bestimmt in einigen Merkmalen mehr und in anderen weniger wiedererkannt. Der folgende Test gibt Ihnen Aufschluss über Ihre Konstitution und zeigt, welches der drei Doshas bei Ihnen vorherrscht. Dabei ist es wichtig, dass Sie die Grundkonstitution, die Sie bereits mit Ihrer Geburt erhalten haben, wahren. Durch Arbeit, Stress oder mangelnde Gesundheit kann sich diese Grundverfassung verschieben. Dann muss zunächst das Ungleichgewicht wieder ins Lot gebracht werden. Anschließend können Sie sich gemäß Ihrem Dosha ernähren.

In der folgenden Tabelle beantworten Sie bitte, was Ihre Persönlichkeit und Ihr Verhalten **am ehesten** beschreibt und für die meiste Zeit in Ihrem Leben zutreffend war. Sie haben jeweils vier Antwortmöglichkeiten (siehe unten) und können die entsprechende Punktzahl in der Spalte »P« eintragen. Beantworten Sie alle Typisierungen in jeder Spalte und geben Sie je nach Priorität zwischen null und drei Punkte. (Beispiel Haut: Kapha 3 Punkte, Pitta 2 Punkte, Vata 0 Punkte).

3 Punkte = trifft stark zu
2 Punkte = trifft manchmal zu
1 Punkt = trifft wenig zu
0 Punkte = trifft gar nicht zu

Zählen Sie am Schluss die Punkte für Vata, Pitta und Kapha getrennt zusammen.

Körperliches Aussehen nach den Doshas

	VATA	P	PITTA	P	KAPHA	P
Gestalt als Kind	Schlank, dünn		Mittel, kräftig		Babyspeck, (etwas) pummelig	
Körperbau	Leicht, zierlich		Mittelschwer, athletisch		Rundlich, schwer, untersetzt	
Haut	Trocken, dünn, rau, bräunlich		Hell, leicht ölig, neigt zu Sommersprossen und Leberflecken		Geschmeidig, dick, wird leicht braun	
Haare	Fein, dunkel, trocken		Blond, rötlich, schnell ergrauend		Dick, wellig, fettig, viel	
Proportionen	Ungleichmäßig		Gut proportioniert		Kräftig, stark	
Hände, Füße	Schmal, feingliedrig, sehnig, Gelenke locker, Adern deutlich		Mittelgroß		Kräftig, groß, Gelenke fest	
Bewegungen, Gang	Rasch, leicht, locker		Dynamisch, lebendig		Langsam, gesetzt, schwer	
Gewicht	Nimmt leicht ab, schwer zu		Kann leicht zu- oder abnehmen		Nimmt leicht zu, langsam ab	
Appetit	Veränderlich, je nach Umständen		Gut, oft stark, muss regelmäßig essen		Gut oder gering, kann Mahlzeiten ausfallen lassen	
Essgewohnheiten	Kühle, leichte, trockene Speisen		Scharf, heiß, würzig, ölig		Kalt, schwer, deftig	
Verdauung	Wechselhaft, empfindlich, Blähungen, Stuhl hart/trocken		Intensiv, Neigung zu Durchfall, ein- bis zweimal täglich Stuhlgang		Träge, langsam, regelmäßig, Stuhl schwer/dick	
Schlaf	Leichter Schlaf, Durchschlafstörung		Schläft schwer ein, dann meist gut durch		Schläft tief und lang	
Sprechweise	Schnell, sprunghaft, gewandt		Energisch, laut, hart bestimmend		Ruhig, fest, melodisch, unsicher	
Gedächtnis	Lernt und vergisst schnell, schlechtes Langzeitgedächtnis		Speichert gut, ausgeprägtes Erinnerungsvermögen		Langsame Auffassung, gutes Langzeitgedächtnis	
Bevorzugtes Klima	Warm, feucht		Kühl, etwas windig		Schönes Wetter ohne Schwüle	
Reaktion auf Stress	Nervös, ängstlich		Anspannung, Ärger, Frustration		Äußerlich ruhig, innerlich angestaut	
Gesundheitsprobleme	Nervöse Störungen, Verdauungsprobleme, Schmerzen, Unbehagen		Fieber, Ausschläge, Ekzeme, Sodbrennen, Übersäuerung, Entzündungen		Erkältungen, Verschleimung, Lymphstau, Sklerosen,	
Emotionale Reaktion	Rückzugsverhalten		Wut, Zorn		Bedrücktheit	

Verstand und Emotionen nach den Doshas

	VATA	P	PITTA	P	KAPHA	P
Geist	Umherschweifend, aktiv, ideenreich, unstet		Scharfer Verstand, Weitsicht, planend, zielgerichtet		Beständig, ruhig, gründlich, tief, langsam	
Sinne	Geräusch- und berührungsempfindlich, gutes Gehör		Scharfer Sehsinn, Adleraugen, starke Beobachtungsgabe		Sinnlich, mag leibliche Genüsse, Geruchs- und Geschmackssinn gut entwickelt	
Arbeit	Mag keine Routine, möchte selbst einteilen		Mag Planung, möchte Chef sein		Mag gleichmäßige, wiederkehrende Arbeitsabläufe	
Freizeit	Gesellig mit Freunden, auch gern allein		Mag Aktivität: Konzerte, Partys, Orte, wo etwas los ist		Gerne zu Hause (Spielabende), Essen gehen mit Freunden	
Sport	Gerne aktiv, Sport je nach Laune, nicht extrem		Mag sportliche Herausforderung, Extremsport		Eher aus Vernunftgründen sportlich aktiv	
Entschlusskraft	Unentschlossen, legt sich nicht gern fest		Schnell, impulsiv, stark		Zögert mit Entscheidungen, Angst vor Risiko, überlegt reiflich	
Geld, Besitz	Hängt nicht an Besitz, teilt gerne		Gibt Geld zweckbestimmt aus		Geld gibt Sicherheit, kann Geld zusammenhalten	
Problemlösung	Schiebt gerne auf, Lösung bleibt im Kopf hängen		Geht Probleme tatkräftig an, kämpferisch		Möchte Problem ignorieren, löst überlegt	
Ansehen und Erfolg	Wechselnd, nicht lebenswichtig		Ehrgeizig, leistungs- und erfolgsorientiert		Wichtig in Verbindung mit Tradition und Normen, Besitzstreben	
Wichtige Lebensmotivation	(Geistige) Freiheit, Neues erleben		Gesteckte Ziele erreichen, Resultate sehen		Werte sammeln und erhalten, Leben in Sicherheit	
Punkte total:						

Wenn ein Dosha eine hohe Punktzahl aufweist und die beiden anderen erheblich weniger, sind Sie hauptsächlich von einem Dosha geprägt. Liegen die Punktwerte von zwei Doshas nahe aneinander und sind es beim dritten Dosha weit weniger Punkte, sind Sie ein Mischtyp. Der Mischtyp kommt am häufigsten vor. Bei einer annähernd gleichen Verteilung der Punktwerte sind Sie ein Tridosha-Typ. Dies kommt allerdings eher selten vor.

Die sechs Geschmacksrichtungen (Rasas)

Unser Geschmackssinn ist ein wichtiges Werkzeug: Er hilft uns dabei, Nahrung auszuwählen, die uns gut tut, unser Dosha ausgleicht und harmonisiert. Im Ayurveda unterscheidet man sechs Geschmacksrichtungen: süß, sauer, salzig, scharf, bitter und herb/zusammenziehend.

Der süße Geschmack (Madhura)

Süß sind grundsätzlich alle Nahrungsmittel, die Kohlenhydrate enthalten. Kohlenhydrate bestehen aus Glucose. Bei längerem Kauen von Brot spürt man den süßen Geschmack eindeutig. Süße, also kohlenhydrathaltige Nahrungsmittel machen den Hauptanteil der Ernährung aus, Glucose ist der wichtigste Energielieferant (besonders für das Gehirn und die roten Blutkörperchen). Süß nährt, beruhigt, wirkt gewebeaufbauend, wachstumsfördernd, stärkend und harmonisierend. Den süßen Geschmack assoziieren wir mit positiven Empfindungen und Erfahrungen.

Nahrungsmittel mit vorwiegend süßem Geschmack: Reis, Brot, Getreide, Teigwaren, frische Milch, Ghee, Sahne, Zucker und Sirup, reifes süßes Obst, Trockenfrüchte, Süßkartoffeln, Mandeln, Cashewkerne, weißes Fleisch, Eier.

Der saure Geschmack (Amla)

Sauer sind vorwiegend säurehaltige oder vergorene (fermentierte) Nahrungsmittel. Der saure Geschmack wirkt direkt auf die Produktion der Verdauungssäfte und vermehrt den Speichelfluss. Er regt somit den Appetit an, lindert Durst, fördert die Verdauung und verbessert alle anderen Geschmacksrichtungen. Ein Zuviel an Saurem kann jedoch übersäuern und verschlacken!

Nahrungsmittel mit vorwiegend saurem Geschmack: heimische Beerenfrüchte, Zitrusfrüchte, Tomaten, Sauermilchprodukte, Tamarinde, Kiwis, Hagebutten, Fruchtsäfte, sauer Eingelegtes, Essig, Wein.

Der salzige Geschmack (Lavana)

Die verschiedenen Salzsorten sowie salzhaltige Lebensmittel werden mit dem Geschmack »salzig« verbunden. Die Mineralstoffe Natrium, Kalium, Kalzium und Magnesium gehören zu den Salzen. Sie sind wichtig für den Säure-Basen-Haushalt. Salz wirkt appetitanregend, befeuchtend, verflüssigend und leicht abführend. Kleine Mengen genügen, denn Salziges macht durstig und regt den Appetit an. Zudem bindet es Wasser im Körper. Verwenden Sie Stein- oder Meersalz, es ist noch reich an wertvollen Mineralien.

Nahrungsmittel mit vorwiegend salzigem Geschmack: Salze, Meerwasserfisch, Algen, Sojasauce.

Der scharfe Geschmack (Katu)

Der scharfe Geschmack kommt vorwiegend in Gewürzen und Kräutern vor. Es gibt viele Schärfegrade – von mild bis extrem (Chilisorten). Die Geschmacksrichtung würzig und aromatisch gehört auch zum scharfen Geschmack. Scharf wirkt im Allgemeinen belebend, anregend, stimulierend, erhitzend. Scharf verstärkt die Verdauungskraft und ist somit wichtig für den gesamten Stoffwechsel. Es hilft beim Fettabbau, wirkt entgiftend und entschlackend. Scharf trocknet aber auch aus und kann Brennen verursachen. Vorsicht ist auch bei einem überreizten Magen geboten.

Nahrungsmittel mit vorwiegend scharfem Geschmack: die meisten Gewürze und Kräuter, Zwiebeln und Knoblauch.

Der bittere Geschmack (Tiktha)

Der bittere Geschmack herrscht in vielen Wildkräutern, Heilpflanzen und Salaten vor. Viele bittere Heilpflanzen haben einen großen therapeutischen Effekt. Bitter baut Schlacken und Fettgewebe ab und festigt das Bindegewebe. Bitter reinigt, trocknet, entgiftet und tötet Keime. Bitterstoffe regen die Leber und den Gallenfluss an und verhelfen zu einer besseren Verdauung.

Nahrungsmittel mit vorwiegend bitterem Geschmack: In den meisten Gemüse- und Salatsorten ist der bittere Geschmack mehr oder weniger stark ausgeprägt. Zum Beispiel in der Artischocke, in Rucola, Kresse und Chicoree. Auch viele Heilpflanzen wie Löwenzahn, Enzian und Wermut sind bitter. Das gilt auch für Kaffee und Kakao.

Der herbe, zusammenziehende Geschmack (Kashaaya)

Herber Geschmack zeichnet die meisten Gemüsesorten aus. Herb beruht auf der Wirkung der enthaltenen Gerbstoffe, die das Gewebe zusammenziehen. Herb wirkt deshalb austrocknend und beugt Wassereinlagerungen vor. Herbe Lebensmittel (z.B. Kurkuma) stoppen Blutungen oder Durchfall und sie straffen und festigen das Gewebe.

Nahrungsmittel mit vorwiegend herbem Geschmack: alle Pflanzen und Früchte, die Gerbstoffe enthalten; zum Beispiel Schlehe, Kakifrucht, Wacholderbeeren, Brombeeren, Kohl, Brokkoli oder Mangold.

Harmonisierung von Vata, Pitta und Kapha

Ayurveda empfiehlt eine ausgeglichene Ernährung, die alle sechs Geschmacksrichtungen in jeder Mahlzeit berücksichtigt. Werden zu viele Lebensmittel einer Geschmacksrichtung gegessen, steigt ein Dosha zu stark an. Jedes Dosha besteht aus zwei Elementen, und jedem Element werden bestimmte Geschmacksrichtungen zugeordnet:

Vata	Äther und Luft bitter, herb und scharf
Pitta	Feuer und Wasser sauer, scharf und salzig
Kapha	Erde und Wasser süß, salzig, sauer

Um ein schon entstandenes Ungleichgewicht wieder ins Lot zu bringen, können wir bestimmte Geschmacksrichtungen bevorzugen. Wie die verschiedenen Geschmacksrichtungen auf die Doshas wirken, zeigt die folgende Tabelle.

Jeder bevorzugt bestimmte Speisen. Wichtig ist es, alle sechs Geschmacksrichtungen in einer Mahlzeit unterzubringen. Erst dann wählt man bestimmte Speisen, die das eigene Dosha ausgleichen, es entweder stärken oder reduzieren. Dabei berücksichtigt man auch die jeweilige Tagesform, den gesundheitlichen Zustand und die Jahreszeit.

Geschmacksrichtung	Haupteigenschaften	Vermehrt	Verringert
Süß	Feucht, kalt, schwer	Kapha	Vata, Pitta
Sauer	Feucht, heiß, leicht	Pitta, Kapha	Vata
Salzig	Feucht, heiß, schwer	Pitta, Kapha	Vata
Scharf	Trocken, heiß, leicht	Pitta, Vata	Kapha
Bitter	Trocken, kalt, leicht	Vata	Pitta, Kapha
Herb/adstringierend	Trocken, kalt, schwer	Vata	Pitta, Kapha

Einige Beispiele dazu:
Vata-Menschen mögen oft leichte, flüssige Speisen, die ihr Dosha ausgleichen. Essen sie zu viel bitteren Salat, kann das zu einer Überreizung führen.

Pitta-Menschen mögen gerne gut gewürzte Speisen, zudem sind ihnen regelmäßige Essenszeiten wichtig. Wenn sie zu viel Stress haben und ihr Leben unruhig ist, wenn sie viel Kaffee oder Alkohol trinken und rauchen, dann gerät ihr Dosha aus dem Gleichgewicht.

Kapha mag gerne stärkende und schwere Speisen und genießt sie in vollen Zügen. Ist das Dosha aus der Balance, wird der Stoffwechsel zu träge: Es kommt zu Gewichtszunahme und Verdauungsproblemen.

Jatharagni und Ama

Jatharagni, das Verdauungsfeuer, und Ama, die Schlacken, bedingen sich gegenseitig: Wenn das eine sehr stark ist, ist das andere schwach. Das wiederum hat Auswirkungen auf unser Wohlbefinden und unsere Gesundheit. Ayurveda verfolgt das Ziel, das Verdauungsfeuer durch passende Speisen und Getränke zu steigern und Ama zu entfernen. Ohne Ama lebt man beschwerdefrei.

Jatharagni, das Verdauungsfeuer

Eine Grundvoraussetzung für unsere Gesundheit und für unser tägliches Wohlbefinden ist ein kräftiger, gut funktionierender Stoffwechsel. Im Ayurveda spricht man von »Jatharagni«, dem Verdauungsfeuer. Jatharagni ist eine Hitzeenergie, die im Körper wirkt. Sie verleiht uns eine gesunde Gesichtsfarbe, eine warme, glänzende Haut und strahlende Augen. Zu Jatharagni gehören der wichtige saure Magensaft, der die Nahrung zersetzt, und die Enzyme des Dünndarms, die alle Nahrung in ihre Bestandteile auflösen und sie dem Körper zur Verfügung stellen. Das spezielle Feuer in der Verdauung selbst, das Jatharagni, ist zuständig für diese Umwandlung von Nahrung in Energie und somit für die optimale Versorgung aller Körperteile mit Nährstoffen. Zudem ist es die Grundlage unseres Wärmehaushalts, des Immunsystems und somit unserer Kraft und Gesundheit. Ein gesundes Jatharagni ist dann vorhanden, wenn sich zwei- bis dreimal täglich ein Hungergefühl einstellt und die Verdauung regelmäßig ist.

Bestimmte Lebensmittel können das Jatharagni anheizen; dazu gehören heißes Wasser und scharfe Gewürze. Jatharagni ist auch abhängig von der persönlichen Konstitution: Wenn Sie mehr Kapha sind, ist es eher etwas langsam und braucht Unterstützung durch die Ernährung. Herrscht bei Ihnen Vata vor, ist das Verdauungsfeuer eher empfindlich und instabil und muss gepflegt werden. Ist viel Pitta vorhanden, ist auch meist das Verdauungsfeuer kräftig und eher intensiv.

Ama, die Schlacken

Ist das Verdauungsfeuer gestört oder geschwächt, wird die Nahrung nicht vollständig verdaut und umgewandelt. Es bleiben Schlacken (ayurvedisch »Ama« = unreif) zurück, die irgendwo im Körper liegen bleiben und störend wirken. Sie blockieren Stoffwechselvorgänge und den Energiefluss, Beschwerden und Krankheiten können entstehen.

Jatharagni wird gestört und geschwächt durch
- zu viel und zu häufiges Essen.
- zu schweres und eiweißreiches Essen am Abend.
- Ablenkung durch Lesen und Fernsehen beim Essen.
- Stress, unregelmäßige Essenszeiten und hastiges Essen.
- chronische Erkrankungen.
- psychische Einflüsse wie Ärger, Wut und Trauer.
- äußere Einflüsse wie ungewohntes Essen, veränderte Essenszeiten, Klimaänderung etc.

Wie bemerke ich eine Schlackenansammlung im Körper?
- Schlechter, unregelmäßiger Stuhlgang, ggf. unangenehm riechend, mit schmieriger Konsistenz.
- Weiß belegte Zunge.
- Müdigkeit, Mattigkeit, wenig Antrieb.
- Schwacher Appetit.
- Schmerzzustände, Gelenkbeschwerden, Kopfschmerzen.
- Schweregefühl im ganzen Körper.
- Mundgeruch, Aufgeblähtsein, Müdigkeit nach dem Essen.

Verhalten und Ernährung während einer Entschlackungskur

Eine Entschlackung geht einher mit
- Entlastung: durch Stressabbau und geeignete Ernährung.
- Entgiftung: über Leber und Galle, über die Verdauungssäfte und durch Stärkung des Verdauungsfeuers Agni.
- Ausleitung: über Darm, Nieren, Haut und Lunge.

Während einer Entschlackungskur soll man den Organismus nicht unnötig belasten. Ziel ist es, eine vollständige Verdauung der Nahrung möglich zu machen: Alles wird verstoffwechselt und verbrannt. Auf dem Speiseplan sollen vor allem basische Lebensmittel stehen, damit die frei werdenden Säuren neutralisiert und ausgeglichen werden können.

Entschlackung geschieht auf verschiedenen Ebenen durch:
- entsprechende Ernährung.
- genügend Bewegung.
- Zusätzliche Therapie durch einen guten Therapeuten: Massagen, Kräuteranwendungen und Ausleitung. Dadurch wird Energie frei, die für die Entgiftungsarbeit eingesetzt werden kann.

Bei einer entlastenden Kur sollten folgende Lebensmittel gemieden werden:
- tierisches Eiweiß, Milchprodukte, Sahne (Ausnahme: gewürzte Milch).
- säurehaltige Lebensmittel und Gemüse, Essig, Zitronen, sauer Eingelegtes.

- Rohkost und kalte Speisen.
- blähende, schwere Gemüse (z.B. Kohlsorten).
- Knoblauch, Zwiebeln und Chili.
- alle scharfen Gewürze wie Ingwer, Kreuzkümmel, Ajwain, Senfkörner u.a.

Während einer Kur sollte eine Ernährungsweise gewählt werden, die zwar würzig sein darf, aber reiz-, säure- und salzarm ist:
- Gekochte Speisen, nicht frittiert, nicht scharf und nicht stark gebraten.
- Frische Zubereitung.
- Leicht verdaulich, je nach Dosha. Saftig (z. B. Suppen) oder trocken (z.B. Hirse und Reis).
- Aufgrund der Eiweißreduzierung keine Hülsenfrüchte (Ausnahme: Mungdal).
- Kleine Mengen geschälter Mandeln für Saucen; Kokosmilch.
- Gewürzte Milch oder Kräutertees.
- Ghee, Raps- oder Olivenöl.
- Alle frischen Kräuter außer Bärlauch.
- Warme Getränke, Tees und Ingwerwasser.

Für Vata
Mild essen, wenige Gewürze, drei tägliche Mahlzeiten mit genügend Zeit dazwischen. Reis, Ghee, Gemüse und Ingwer. Glutenfrei (ohne Weizen, Roggen, Dinkel, Gerste, Hafer) und ohne tierisches Eiweiß.

Für Pitta
Einige Tage lang nur Reis und Mungdal (gelbe geschälte Linsen).

Für Kapha
Ohne Fett. Hirse, Gerste und Quinoa. Glutenfrei und frei von tierischem Eiweiß.

Ernährung im Ayurveda

Die Ernährung hat einen sehr direkten Einfluss auf unseren Gesundheitszustand. Ayurveda gibt genaue Hinweise darauf, welche Ernährung die Gesundheit fördert oder schwächt. Dreh- und Angelpunkt ist dabei die Erhaltung des Gleichgewichts – oder dessen Wiederherstellung. Wenn alle Elemente, die Doshas, in uns im Gleichgewicht sind, und wenn wir ein Gleichgewicht schaffen zwischen uns und den äußeren Einflüssen, dann sind und bleiben wir gesund. Ayurveda sagt nicht, welche Speisen verboten oder zu meiden sind. Vielmehr gibt es für die unterschiedlichen Konstitutionstypen Nahrungsmittel und Gerichte, die für sie besonders bekömmlich und verträglich sind.

In den Ayurveda-Schriften findet man immer wieder die Empfehlung, die eigene Ernährung im Alltag nicht sofort vollkommen zu ändern, sondern sich schrittweise damit vertraut zu machen. Probieren Sie zunächst einige einfache Regeln und Tipps aus und integrieren Sie diese im Alltag. Nach ersten Erfolgen können Sie zunehmend mehr Elemente dieser alten und erprobten Art der Ernährung in Ihren Speiseplan übernehmen.

Die wichtigsten Regeln der Ayurveda-Ernährung:
- Die Mahlzeiten aus hochwertigen Produkten frisch kochen.
- Gemüse schonend garen und vorwiegend in gekochter Form verzehren.
- Vorzugsweise Warmes essen.
- Frisches reifes Obst wählen, gegebenenfalls kurz erwärmen.
- Fette und Öle in geringen Mengen verwenden; Ghee (Seite 22) bevorzugen.

- Keine eiskalten Getränke zu sich nehmen.
- Als Süßungsmittel am besten Rohrrohrzucker, Ahornsirup, Apfel-/Birnendicksaft oder Honig verwenden.
- Tiefgefrorene Speisen und sehr kalte Speisen und Getränke vermeiden. Die Mikrowelle aus der Küche verbannen.
- Mittags die Hauptmahlzeit einnehmen.
- Abends leicht essen und nicht später als 19 Uhr.
- Mehrstündige Pausen zwischen den Mahlzeiten einhalten.
- Nehmen Sie sich bitte Zeit zum Kochen und Essen.
- Wichtig: Mit Achtsamkeit, Liebe und Dankbarkeit essen.

Dosha-Ausgleich durch die Ernährung

Vata

Vata hat die Eigenschaften kalt, leicht, subtil, beweglich, trocken. Deshalb sollte ein Mensch mit viel Vata Lebensmittel zu sich nehmen, die eher warm, feucht, fest und ölig sind. Würzige Eintöpfe, kräftige Suppen oder Getreidegerichte mit Gemüse eignen sich hervorragend. Gut ist süß, sauer und salzig; bittere und herbe Lebensmittel sollten nur einen kleinen Teil des Speiseplans ausmachen. Wichtig sind regelmäßige Essenszeiten und Ruhe beim Essen. Vata sollte seine Speisen gut gekocht zu sich nehmen. Flüssige Gerichte sind optimal: Sie gleichen das Trockene von Vata aus. Vata kann gut zwei bis drei Liter pro Tag trinken; warme Getränke sind günstiger als kalte. Ein Vata-Mensch mit einem Alltag, der viel Aktivität erfordert, sollte ruhigen, erdenden Ausgleich schaffen; Meditation, Yoga oder Lesen tun dem Vata-Menschen gut.

Pitta

Die Hauptqualitäten von Pitta sind heiß, durchdringend und scharf. Pitta-Menschen brauchen daher Lebensmittel, die dämpfend und kühlend wirken. Meist mögen sie es aber scharf und kräftig gewürzt; gerade hier sollten sie sich jedoch etwas zurückhalten und eher süß, bitter und herb bevorzugen. Getränke haben am besten Zimmertemperatur; es dürfen circa zwei Liter pro Tag sein. Pitta kann mit seiner kräftigen Verdauung auch dann und wann rohe und kurz gegarte Speisen zu sich nehmen. Wichtig sind regelmäßige Mahlzeiten in einer entspannten Atmosphäre.

Kapha

Kapha hat die Grundeigenschaften schwer, kalt und feucht. Schwere Nahrungsmittel sind Speisen mit viel Stärke/Zucker, hohem Fett- und Eiweißanteil. Kapha sollte daher zu Gerichten greifen, die leicht, warm und eher trocken sind. Um das Kapha-Dosha auszugleichen, ist es gut, scharf, bitter und herb in den Speiseplan einzubringen, Kapha sollte immer etwas mehr würzen. Getränke werden am besten heiß genossen; zirka 1½ Liter sollte der Kapha-Typ pro Tag zu sich nehmen. Günstig sind regelmäßige Fastentage und genügend Bewegung.

Wenn Sie mit Ihrer Familie und mit Freunden essen, sitzen unterschiedliche Doshas am Tisch. Wie kann man für die verschiedenen Konstitutionstypen eine Mahlzeit zubereiten? Keine Angst, Sie brauchen nicht mehrere Menüs zusammenzustellen; es gibt einfache Wege, die Speisen den unterschiedlichen Bedürfnissen anzupassen.

Leitlinien für die drei Doshas

Vata:
- Erwärmende, befeuchtende und schwere Speisen.
- Reichliche Mengen an Fett, Kohlenhydraten und Eiweiß, reichlich Ghee.
- Geschmacksrichtung süß, sauer und salzig. Blähungswidrige und verdauungsfördernde Gewürze wie Asafoedita, Kümmel, Koriander, Pfeffer und Ingwer. Speisen ausreichend salzen.
- Konsistenz der Speisen eher dick und fest, Temperatur möglichst heiß.

Pitta:
- Milde, kühlende Speisen.
- Kleine Mengen an Fett und Ghee.
- Bitterer, herber und süßer Geschmack. Gewürze wie Koriander, Kümmel, Kurkuma und Ingwer. Wenig Salz.
- Konsistenz der Speisen eher mittelfest. Temperatur kühl bzw. zimmerwarm.

Kapha:
- Eher erhitzende, den Stoffwechsel anregende, aber leichte Speisen.
- Scharfer, herber und bitterer Geschmack. Gewürze wie Senfkörner, Chili, Ingwer und Pfeffer, angebraten in etwas Sesamöl.
- Kleine Mengen von Fetten und Kohlenhydraten.
- Konsistenz der Speisen eher wässrig, möglichst heiß.

Ein Beispiel: Sie haben eine Suppe gekocht und Sie sind zu dritt – jeweils ein Vata-, ein Pitta- und Kapha-Mensch. Die erste Portion bekommt Pitta; sie wird mit frischen Kräutern garniert. Die zweite Portion für Vata wird mit etwas Butter, Ghee oder Sahne und mit vielen Kräutern serviert. Die letzte Portion ist für Kapha. Die Suppe ist an sich schon leicht scharf – für Kapha gibt es aber noch etwas mehr Chili, Ingwer oder ähnliche Gewürze.

Pitta hat also eine lauwarme und milde, Vata eine warme, aber etwas deftige und Kapha hat schließlich eine eher scharfe und würzige Suppe. Als Beilage gibt es Brot: Vata bekommt eine Scheibe Vollkornbrot mit Butter oder Ghee. Pitta ein leichtes Vollkornbrot ohne Fett. Kapha nur eine leichtes Weiß- oder Knäckebrot.

Sherbet, Tridosha-Curry und Churnams

In der ayurvedischen Küche schätzt man Gewürze sehr. Zum einen verbessern sie den Geschmack, zum anderen wirken sie direkt auf die Gesundheit, da sie die Konstitution ausgleichen. Bei vielen Beschwerden wirken sie heilend.

Damit im Berufsalltag die Zubereitung auch mal schnell von der Hand geht, haben wir für Sie Gewürzmischungen und Gewürzsaucen zusammengestellt: das Sherbet, die Churnams und das Tridosha-Curry. Diese können Sie in einer freien Minute in Ruhe zubereiten und danach für einige Zeit lagern. Ansonsten kaufen Sie die Gewürze am besten im Ganzen und mahlen sie bei Bedarf. Einige werden beim Kochen angeröstet. Bewahren Sie die Gewürze in gut verschließbaren Behältern lichtgeschützt auf. Gemahlene Gewürze verlieren schnell das Aroma.

Sherbet

100 g brauner Zucker
300 ml Wasser
2 EL Zitronensaft

Den Zucker mit dem Wasser zum Kochen bringen. Leise köchelnd auf etwa auf zwei Drittel reduzieren. Den Zitronensaft zugeben und 1 Minute weiterkochen. Abkühlen lassen, in ein gut verschließbares Gefäß umfüllen und im Kühlschrank aufbewahren.

Tridosha-Curry

1 EL Fenchelsamen
1 EL Koriandersamen
1 EL Kreuzkümmelsamen
1 EL Senfkörner
1 EL Bockshornkleeblätter
1 TL schwarze Pfefferkörner
1 TL Wacholderbeeren
3 EL Kokosflocken
1 EL Kurkuma (Gelbwurz)
1 TL Chilipulver
1 TL Steinsalz

Fenchel-, Koriander- und Kreuzkümmelsamen, Senfkörner, Bockshornkleeblätter, schwarze Pfefferkörner, Wacholderbeeren und die Kokosflocken bei mittlerer Hitze unter Rühren 5 Minuten in einer Pfanne trocken anrösten. Abkühlen lassen. Anschließend in einem Mörser, einer Kaffeemühle oder einem Elektrohacker (Cutter) fein mahlen. Dann die gemahlenen Gewürze daruntermischen.

Tipp:
Das Tridosha-Curry enthält alle sechs Geschmacksrichtungen und ist für alle Konstitutionen geeignet.

Rotes Churnam

100 g Mandeln, gemahlen
2 EL scharfes Paprikapulver oder Tandoori Masala
1 TL Chili
1 TL Ingwerpulver
1 TL Zimt
200-220 ml Rapsöl

Gelbes Churnam

100 g Mandeln, gemahlen
1 EL Kurkuma
1 EL Tridosha-Curry
200-220 ml Rapsöl

Grünes Churnam

100 g Mandeln, gemahlen
10 grüne Oliven, entsteint und fein gehackt
2 EL Kräuter der Provence oder 3 EL frische Kräuter, gehackt
1 TL Bockshornkleeblätter oder -pulver
200-220 ml Olivenöl

Die Zutaten für das jeweilige Churnam mit 200 ml Öl glatt rühren oder mit dem Pürierstab fein mixen. In ein Schraubglas umfüllen. Das restliche Öl auf das Churnam geben. Gefäß gut verschließen und im Kühlschrank aufbewahren. Bei häufiger Benutzung immer wieder Öl als deckende Schicht nachfüllen. Dadurch verlängert sich die Haltbarkeit.

Tipp:
Falls Sie einen Mörser besitzen, sollten Sie die Churnams unbedingt darin herstellen. Die Zutaten nach und nach in den Mörser geben und mit dem Öl fein zerreiben, bis eine sämige Masse entsteht.

Ghee

Ghee wird in der indischen und ayurvedischen Küche häufig verwendet. Es ist reines Butterfett. Im Unterschied zu Butterschmalz enthält es weder Wasser noch Eiweiß: Bei der Zubereitung durch Erhitzen verdampft der Wasseranteil und das Eiweiß setzt sich in Form einer braunen Kruste, die später abgefiltert wird, am Boden ab.

Ghee besitzt zahlreiche Heilwirkungen und ist deshalb eines der wichtigsten Lebensmittel in der ayurvedischen Küche. Die Herstellung ist ganz einfach. Sie können zum Beispiel am Wochenende leicht einen Vorrat an Ghee zubereiten. Dazu geben Sie frische Butter in einen Topf mit dickem Boden, schmelzen diese bei mittlerer Hitze und bringen sie langsam zum Köcheln. Die schmelzende Butter bildet Schaum und Blasen. Nun die Hitze reduzieren, das Ghee aber weiterköcheln lassen und dabei nicht umrühren.

Nach etwa 12 bis 15 Minuten bildet sich ein leicht brauner Bodensatz – das ist der restliche Eiweißanteil. Das Ghee selbst ist goldgelb, klar und duftet nussig. Es ist fertig, wenn alle Flüssigkeit verdampft ist (Butter besteht zu etwa 25 Prozent aus Wasser). Zum Testen träufeln Sie ein paar Tropfen Wasser auf das Ghee: Wenn das Zischen nach ein paar Sekunden aufhört, ist das Ghee fertig. Nun legen Sie ein Metallsieb mit Küchenpapier aus und filtern das Ghee in ein Gefäß – die Rückstände bleiben so im Papier. Abkühlen lassen. In einem dunklen Glas- oder Tongefäß kühl und lichtgeschützt aufbewahrt, hält sich Ghee mehrere Monate – die Lagerung im Kühlschrank ist nicht notwendig.

Tipp
Wichtig: Das Ghee immer mit einem sauberen und trockenen Löffel entnehmen, damit sich kein Schimmel bildet.

Die Rezepte

Ayurveda für den Alltag: Die Tridosha-Küche

Die Gerichte der Tridosha-Küche sind unkompliziert in der Zubereitung und eignen sich grundsätzlich für jedes Dosha. Wenn Sie ein Gericht noch stärker an die individuellen Bedürfnisse von Vata, Pitta oder Kapha anpassen möchten, ist das mit wenig Aufwand möglich. Tipps dazu finden Sie auf Seite 19 oder auch direkt bei den Rezepten.

Sie brauchen keine große Auswahl an Gewürzen. Allein durch die Nutzung von Sherbet, Tridosha-Curry und den Churnams (siehe Seite 21) können Sie einfach und schnell alle sechs Geschmacksrichtungen abdecken. Das Kochen wird so einfacher und geht schnell von der Hand, was im Berufsalltag oder Familienleben wichtig ist.

Viele der schmackhaften Gerichte enthalten nur eine geringe Anzahl von Zutaten, die auch im normalen Lebensmittelladen erhältlich sind. Seien Sie kreativ: Sie können jedes Gemüse durch Gemüse der Saison ersetzen. Versuchen Sie nicht, mitten im Winter unbedingt Auberginen zu finden. Nehmen Sie die Gemüsesorten und frischen Kräuter, die es gerade gibt. Bitte schmecken Sie alle Gerichte individuell mit Salz ab. Die Geschmäcke sind sehr unterschiedlich, deshalb finden Sie in jedem Rezept den Hinweis »abschmecken«.

Bevorzugen Sie naturbelassene Zutaten und halten Sie die Grundlebensmittel vorrätig. Stellen Sie das Ghee, das Sherbet, die Churnams und das Tridosha-Curry selbst her. Nehmen Sie sich im Monat etwa 30 Minuten Zeit für die Zubereitung. Das Ghee ist wesentlich länger haltbar als das Sherbet und die Churnams.

So ist ayurvedische Küche im Alltag umsetzbar. Das Kochen mit wenigen Zutaten geht flott und macht vor allem Spaß bei der Zubereitung – und Sie folgen dem ayurvedischen Prinzip.

Die Basisausstattung der ayurvedischen Küche

Für die Ayurvedaküche können Sie Ihre bewährten Pfannen und Töpfe verwenden. Sie sollten einen dicken Boden haben, der gut Hitze leitet. Besonders geeignet ist Kochgeschirr aus Gusseisen oder Edelstahl, ungeeignet ist Aluminiumgeschirr (das Sie sowieso aus der Küche verbannen sollten, da sich beim Kochen Aluminiumpartikel lösen). Wichtiger als die Auswahl des Kochgeschirrs und aller weiteren Zutaten sind die Zugabe von Liebe und Bewusstsein. Wenn Sie dann noch hochwertige Lebensmittel verwenden, können Sie die besten Gerichte zaubern.

Anmerkungen zu den Rezepten

Alle Rezepte im Buch sind, wenn nicht anders vermerkt, für vier Personen gedacht.

Die Angaben zu den Backofentemperaturen beziehen sich auf die Verwendung von Umluft. Sollte Ihr Herd nur über Ober- und Unterhitze verfügen, geben Sie bei Temperaturangaben bis 180 Grad weitere 20 Grad hinzu; ab 200 Grad weitere 10 Grad.

GETRÄNKE

Wasser und andere Getränke

Ayurvedisches Essen schmeckt am besten mit warmem oder lauwarmem Wasser. Auch zwischen den Mahlzeiten beruhigt und entschlackt heißes oder warmes Trinken. Blähungen, unangenehmes Völlegefühl und Verstopfung können so vermieden werden. Warme Getränke schluckweise und in kleinen Mengen zu einer Mahlzeit getrunken, lockern die Speisen und unterstützen den Körper bei ihrer Verwertung. Aperitifs regen den Appetit an und Gewürztees vermehren die Verdauungssäfte nach dem Essen. Warmes Wasser ist noch besser als warmer Tee: Es ist neutral in Geschmack und Wirkung. Vata sollte pro Tag bis zu drei Liter trinken, am besten warm. Für Pitta sind zwei Liter kühle oder lauwarme Getränke gut. Kapha dagegen kann 1,8 Liter richtig heiß genießen.

Die Faustregel für Getränke: kühl bis Zimmertemperatur für Pitta, warm für Vata, heiß für Kapha.

Verdauungsdrink

1 TL Kümmel
¼ TL Salz
1 TL Zitronensaft
¼ TL Ingwer, gemahlen
1 EL brauner Zucker
750 ml lauwarmes Wasser

Den Kümmel in der Pfanne ein paar Sekunden ohne Öl anrösten und im Mörser grob zerstoßen. Mit den anderen Zutaten verrühren.

Magenöffner

10 frische Minzeblätter
10 Zitronenmelisseblätter
1 TL Zitronensaft
1 TL Honig
750 ml kühles Wasser

Alle Zutaten gut verrühren und kühl oder auch lauwarm servieren.

GETRÄNKE

Sternanis-Orangentee

1 Orange, Saft
¼ TL Sternanis, gemahlen
1 Prise Zimt
1 Prise Nelken
½ TL frischer Ingwer, gerieben
1 EL Honig
500 ml Wasser

Alle Zutaten mischen und 20 Minuten ziehen lassen. Abseihen und servieren.

Gewürz-Apfel-Tee

250 ml Wasser
¼ TL Ingwer, gemahlen
¼ TL Zimt, gemahlen
¼ TL Nelken, gemahlen
¼ TL Kardamom, gemahlen
¼ TL schwarzer Pfeffer, gemahlen
500 ml Apfelsaft

250 ml Wasser zum Kochen bringen. Alle Gewürze hinzufügen. 5 Minuten bei kleiner Hitze köcheln lassen, dann den Apfelsaft dazugeben. Weitere 5 Minuten sieden lassen. Abgießen und heiß oder lauwarm trinken.

Morgentee

1 TL frischer Ingwer, gerieben
1 TL Zitronensaft
750 ml Wasser
2 TL Honig

In eine Thermosflasche frisch geriebenen Ingwer und Zitronensaft geben. 750 ml Wasser zum Kochen bringen und aufgießen. Vor dem Trinken 10 Minuten ziehen lassen. Mit Honig süßen. Am besten vor dem Frühstück oder während des Mittagessens trinken.

GETRÄNKE

Aperitif aus geschmortem Obst

100 g gemischtes Trockenobst
1 Prise Nelken, gemahlen
1 Prise Ingwer, gemahlen
1 Prise Zimt, gemahlen
500 ml lauwarmes Wasser

Das Trockenobst waschen und mit allen Gewürzen in lauwarmem Wasser 10 Minuten einweichen. Später in einem Mixer glatt pürieren.

Lassi – würziges Joghurtgetränk

100 g Joghurt
100 g Quark
¼ TL Zimt
½ TL frischer Ingwer, gerieben
1 Msp. Chilipulver
500 ml Wasser

Alle Zutaten gut vermischen und zimmerwarm genießen.

Indischer Tee
Chai

½ TL frischer Ingwer, gerieben
1 TL brauner Zucker
250 ml Wasser
1 TL schwarzer Tee
¼ TL Kardamom, gemahlen
250 ml frische Milch

Den Ingwer und den Zucker mit 250 ml Wasser zum Kochen bringen, Tee und Kardamom dazugeben. 1 Minute kochen, 3 Minuten ziehen lassen und dann abseihen. Mit der erwärmten Milch servieren.

Tipp:
Chai ist ein ideales Getränk für Vata.

GETRÄNKE

Entschlackungsdrink

2 EL Zitronensaft
¼ TL Meersalz
1 EL Honig
500 ml gekochtes und abgekühltes Wasser

Alle Zutaten gut verrühren und bei Zimmertemperatur trinken.

Süßsaurer Mangoaperitif

1 reife Mango
1 TL Sherbet
1 TL brauner Zucker
1 Msp. Muskatnusspulver
750 ml Wasser

Die Mango schälen und pürieren. Mit den anderen Zutaten mischen und kühl servieren.

Ingwerwasser

1 TL frisch geriebener Ingwer
750 ml Wasser

Frisch geriebenen Ingwer in eine Thermosflasche geben. Wasser zum Kochen bringen und aufgießen. Vor dem Trinken 20 Minuten ziehen lassen.

Mandel-Soja-Aperitif

250 ml Sojamilch
1 EL Mandeln, gemahlen
2 Msp. Kardamom, gemahlen
1 EL Honig
50 ml Kokosmilch
1 TL Pistazien, geschält und klein gehackt

Alle Zutaten außer den Pistazien im Mixer gut pürieren. Mit gehackten Pistazien garniert servieren.

SUPPEN

Essenszeiten und Essensmenge

Unser Verdauungsfeuer ist über den Tag verteilt unterschiedlich stark. Zwischen 10 und 14 Uhr hat es die größte Kraft. Für die meisten von uns ist am besten, jetzt die Hauptmahlzeit einzunehmen. Nur mit einem starken Verdauungsfeuer kann die Nahrung ganz verbrannt werden, sonst bleiben Schlacken übrig. Wenn bei Ihrem Konstitutionstyp Vata oder Kapha vorherrschen, sollten Sie Ihre Hauptmahlzeit auf den Mittag legen und morgens und abends eher leichte Nahrung zu sich nehmen. Ihr Körper wird es Ihnen danken. Besitzen Sie viel Pitta, können Sie essen, wann immer Sie wollen. Sie werden die Nahrung ausreichend verdauen. Gönnen Sie sich aber unbedingt genügend Ruhe beim Essen.

Auch der Rhythmus der Jahreszeiten hat großen Einfluss auf unsere Verdauung: Im Sommer sind kühlende, leichte Speisen besonders verträglich; im Winter eher erwärmende und schwerere Nahrungsmittel. Sie geben dem Körper das notwendige Durchhaltevermögen für die Kälte.

Für die Essensmenge gibt es eine einfache Faustregel: Hören Sie zu essen auf, bevor Sie sich voll fühlen. Um etwas genauer zu sein: Bilden Sie mit Ihren Händen eine Schale, dann haben Sie eine Vorstellung davon, wie viel Essen gut für Ihren Magen ist. Diese Menge füllt Ihren Magen zu einem Drittel mit fester Nahrung, für Flüssiges ist ein weiteres Drittel vorgesehen und das letzte Drittel bleibt leer, damit der Magen genügend Platz zum »Umrühren« hat. Essen Sie dreimal am Tag und nur dann, wenn Sie wirklich hungrig sind.

Lauchkartoffel-Ingwer-Suppe

1 EL Ghee
1 Stange Lauch, grob gehackt
2 Kartoffeln, geschält und fein gewürfelt
500 ml Wasser
1 TL Sherbet
2 TL frischer Ingwer, fein gehackt
200 ml Kokosmilch

Das Ghee in einem Topf erhitzen und den Lauch darin kurz anbraten. 2 EL Lauch herausnehmen und zur Seite stellen. Die Kartoffeln hinzufügen und andünsten. 500 ml Wasser und Sherbet dazugeben und aufkochen lassen. Die Suppe mit Mixer oder Mixstab pürieren. Den Ingwer und die Kokosmilch dazugeben und nochmals aufkochen lassen. Nach Geschmack salzen und mit dem beiseite gestellten Lauch garnieren.

Zucchinisuppe

1 TL Ghee
1 Knoblauchzehe, fein gehackt
2 kleine Zucchini – 1½ davon gewürfelt,
der Rest fein gehackt als Garnitur
600 ml Wasser
1 TL grünes Churnam
100 ml Sahne

Das Ghee erhitzen. Den Knoblauch und die Zucchiniwürfel darin kurz andünsten. Das Wasser dazugeben und 3–4 Minuten kochen lassen. Das Churnam und die Sahne hinzufügen und alles glatt pürieren. Nach Geschmack salzen und nochmals kurz aufkochen lassen. Mit der fein gehackten Zucchini garnieren.

Zwiebel-Tofu-Suppe

1 EL Ghee
2–3 rote Zwiebeln, fein gewürfelt
1000 ml Wasser-Sahne-Mischung (1:1)
1 TL Sherbet
1 TL gelbes Churnam
1 rote Paprika (Peperoni), fein gewürfelt
100 g geräucherter Tofu, gewürfelt
50 g Sojasprossen

Das Ghee erhitzen und die Zwiebeln darin 30 Sekunden andünsten. Die Wasser-Sahne-Mischung, Sherbet und Churnam hinzufügen und einige Minuten köcheln lassen. Mit Salz abschmecken, dann die restlichen Zutaten dazumischen und erneut kurz aufkochen.

SUPPEN

Kochen im Alltag

Die Rezepte in diesem Buch sind so beschaffen, dass Sie in kürzester Zeit eine wertvolle ayurvedische Mahlzeit zubereiten können. Wichtig ist, dass Sie sich am Wochenende oder in der freien Zeit einen ausreichenden Vorrat an Ghee, Sherbet und Churnams zubereiten. Das Tridosha-Curry ist, wie der Name schon sagt, eine Gewürzmischung, die für jedes Dosha geeignet ist und die Sie gut auf Vorrat zubereiten können.

Planen Sie beim Kochen, indem Sie die Abfolge Ihrer Tätigkeiten festlegen. Die Zutaten der Rezepte sind schon in der richtigen Reihenfolge angegeben. Falls Sie noch nicht viel Routine haben, stellen Sie alle Zutaten im Voraus bereit; dann können Sie sich ganz dem Kochen widmen.

Beginnen Sie mit dem aufwendigsten Gericht. Dann nehmen Sie sich die einfacheren vor. Durch die Verwendung der Churnams und des Tridosha-Currys enthält Ihre Mahlzeit immer alle sechs Geschmacksrichtungen.

Wenn Sie am Arbeitsplatz oder in der Kantine essen, nehmen Sie ein Gläschen Ghee, eine kleine Menge Tridosha-Curry und Ihr bevorzugtes Churnam mit. Geben Sie von jedem eine kleine Menge zu den fertigen Speisen. So können Sie die Mahlzeit »ayurvedisieren«: Sie schmeckt besser, ist bekömmlicher und leichter verdaulich.

Wenn Sie häufiger außer Haus essen müssen, wählen Sie Restaurants, die eine gute Küche mit frischen Produkten anbieten. Achten Sie auf eine angenehme und ruhige Atmosphäre, vermeiden Sie heftige Diskussionen und Streitgespräche am Tisch. Wenn Sie verärgert, gestresst oder traurig sind, nehmen Sie am besten nur leichte Kost zu sich; dann wird der Körper nicht noch mehr belastet.

Spinatcremesuppe

1 TL Ghee
1 Zwiebel, fein gehackt
1 Knoblauchzehe, fein gehackt
1 kg frischer oder 400 g tiefgefrorener Blattspinat
1 TL grünes Churnam
500 ml Wasser
2 EL Crème fraîche
1 EL Mandeln, gehackt

Den frischen Spinat gründlich waschen, verlesen und in wenig Wasser blanchieren. Wenn tiefgekühlter Spinat verwendet wird, diesen nach Packungsanleitung auftauen. Das Ghee in einem großen Topf erwärmen. Die Zwiebel und den Knoblauch ein paar Minuten darin anbraten. Den blanchierten beziehungsweise aufgetauten Spinat hinzufügen und kurz dünsten. Churnam und 500 ml Wasser dazugeben. Alles gut vermischen, mit dem Mixstab pürieren und mit Salz abschmecken. Nochmals erwärmen. Die Crème fraîche mit 1-2 EL Wasser glatt rühren. Die Suppe mit Crème fraîche und Mandeln garniert servieren.

SUPPEN

Ernährung und Wohlbefinden

Die Ernährung bietet uns die direkteste Möglichkeit, Einfluss auf unser körperliches, geistiges und psychisches Wohlbefinden zu nehmen. Wenn wir »gut genährt« sind, fühlen wir uns leicht, klar, widerstandsfähig, vital, zufrieden und satt. Sind wir »schlecht genährt«, fühlen wir uns dumpf, schwer, hungrig, unausgefüllt und energielos. Die ayurvedische Ernährungsweise erreicht alle Ebenen in uns, weil die Geschmacksrichtung, die Qualität, Farbe, Konsistenz und Art der Speisen in Verbindung stehen mit den Elementen, den Doshas und den Sinnesorganen. Das heißt, was und wie wir essen hat immer Einfluss auf die Funktion und das Gleichgewicht unserer Doshas. Unser Körper dankt uns dies durch besseren Schlaf, regelmäßige Verdauung, ein leichtes Körpergefühl und positive Gedanken. Letztendlich haben wir mehr Kraft, nicht nur, um liebevoll zu kochen, sondern um das Leben mit Mut und einem Lächeln zu genießen.

»Kochen ist Herzensarbeit. Für die Zubereitung eines einfachen Mahls brauchen wir vor allem ein wenig Zeit und eine große Portion der Zutaten Leichtigkeit, Fröhlichkeit, Dankbarkeit, Lächeln und Liebe. Kochen ist eine Kunst und fördert die Fähigkeit, sich selbst zu öffnen, um die Elemente mit allen Sinnen wahrzunehmen.«
Nicky Sitaram Sabnis

Karotten-Tomaten-Suppe

1 TL Ghee
2 Karotten, gewürfelt
2 Tomaten, gewürfelt
400 ml Wasser
1 TL gelbes Chutney
200 ml Kokosmilch
1 EL frische Kräuter, gehackt

Das Ghee in einem Topf erhitzen. Die Karotten- und Tomatenwürfel darin ein paar Sekunden anbraten und mit dem Wasser ablöschen. 5 Minuten weiterkochen. Die Suppe mit dem Mixstab pürieren. Das Chutney und die Kokosmilch dazugeben, nach Geschmack salzen und nochmals kurz aufkochen lassen. Mit den frischen Kräutern garnieren.

PASTA

Alle Pastasorten sind nur Vorschläge. Sie können immer auch eine andere Nudelsorte verwenden, die Sie lieber mögen oder gerade zu Hause haben.

Glasnudeln mit Gemüse

2 l Wasser
1 EL Rapsöl
½ Brokkoli, in kleine Röschen zerteilt
2 Karotten, fein gewürfelt
½ Chinakohl, in feine Streifen geschnitten
5–6 Champignons, geviertelt
1 TL Sherbet
200 g Glasnudeln
1 TL Sojasauce

Das Wasser für die Glasnudeln zum Kochen bringen.
Das Öl in einer Pfanne erhitzen. Das Gemüse in der oben genannten Reihenfolge im Abstand von 10 Sekunden in die Pfanne geben und andünsten. Sherbet darunterrühren, mit Salz abschmecken und das Gemüse warm halten.
Die Glasnudeln mit etwas Salz in das kochende Wasser geben, nach 2–3 Minuten abgießen und auf Tellern verteilen. Das Gemüse darübergeben und mit Sojasauce beträufeln.

Spaghetti mit Gemüse

250 g Spaghetti oder andere Pastasorte
2 EL Olivenöl
1 Zwiebel, in dünne Streifen geschnitten
1 Karotte, in dünne Streifen geschnitten
1 Zucchini, in dünne Streifen geschnitten
1 Paprika (Peperoni), in dünne Streifen geschnitten
1 Chicorée, in dünne Streifen geschnitten
2 EL Tomatenmark
2 EL Crème fraîche
1 TL rotes Churnam
1 Handvoll Basilikumblätter

Die Teigwaren in reichlich kochendem Salzwasser bissfest garen und abgießen.
Das Olivenöl erwärmen und das Gemüse kurz anbraten. Tomatenmark, Crème fraîche, 2 EL Wasser und rotes Churnam daruntermischen, kurz umrühren, mit Salz abschmecken und warm halten.
Die Pasta auf Teller verteilen, die Gemüsesauce darübergeben und mit Basilikum garnieren.

Glasnudeln mit Gemüse

PASTA

Fettuccine mit Mango in Kokosmilch

200 g Fettuccine
1 EL Ghee
1 Schalotte, fein gehackt
200 ml Kokosmilch
1 TL gelbes Churnam
1 TL Sherbet
1 reife Mango, geschält und klein gewürfelt
1 EL Koriandergrün, gehackt

Die Pasta in reichlich kochendem Salzwasser bissfest kochen, abgießen und warm halten.
In der Zwischenzeit in einer Pfanne das Ghee erhitzen und die gehackte Schalotte darin andünsten. Die Hitze reduzieren, Kokosmilch, Churnam und Sherbet hinzufügen und kurz aufkochen. Nach Geschmack salzen. Die fertige Pasta dazugeben und alles gut vermischen. Mit Mangowürfeln und Koriandergrün garnieren.

Reisnudeln mit Hähnchenbrustfilet aus dem Wok

500 ml Wasser
150 g Reisnudeln
1 TL Olivenöl
1 Knoblauchzehe, fein gehackt
1 Frühlingszwiebel, fein gehackt
1 Hähnchenbrustfilet, in Streifen geschnitten
100 ml Wasser
1 TL Sojasauce
1 TL Sherbet
1 EL Petersilie, gehackt

Das Wasser für die Reisnudeln zum Kochen bringen.
Währenddessen das Olivenöl im Wok erhitzen und Knoblauch, Frühlingszwiebel und Fleisch kurz anbraten. 100 ml Wasser hinzufügen und für 10 Sekunden weiterbraten. Sojasauce und Sherbet daruntermischen, nochmals ein paar Sekunden unter Rühren dünsten, dann mit Salz abschmecken.
Die Reisnudeln 30 Sekunden im kochenden Wasser garen; anschließend abseihen und mit kaltem Wasser abschrecken. Die Reisnudeln auf Tellern verteilen, die Sauce darübergeben und mit Petersilie garniert servieren.

Tipp:
Geben Sie zum Schluss noch 2 EL Kefir und drei Limettenblätter zur Sauce.

Reisnudeln mit Hähnchenbrustfilet aus dem Wok

Pasta mit Riesencrevetten in Curryrahmsauce

Geistige und körperliche Haltung beim Kochen und Essen

Bevor Sie anfangen zu essen, nehmen Sie sich etwas Zeit, still oder hörbar Danke zu sagen. Dann kehrt innerlich Ruhe ein, wir können das Essen besser wahrnehmen und besser verdauen. Lassen Sie während des Essens Stress und die Hektik außen vor – der Körper hat genug Arbeit mit der Verdauung. Schalten Sie den Fernseher aus oder legen Sie das Buch zur Seite. Widmen Sie sich ganz dem Essen. Nehmen Sie sich Zeit zum Kauen und lassen Sie die Aromen auf Ihrer Zunge zergehen. Sie haben sich Zeit genommen zu kochen, genießen Sie das Essen!

200 g Spiralnudeln oder andere Pastasorte
1 EL Ghee
2 EL Kokosflocken
200 g Kokosmilch
1 TL Masala
1 Frühlingszwiebel, klein geschnitten
1 TL Sherbet
1 EL Olivenöl
500 g Riesencrevetten, geschält
1 Limette, abgeriebene Schale und Saft
Salz und Pfeffer aus der Mühle

Die Pasta in kochendem Salzwasser bissfest kochen und warm halten.
In einer Pfanne das Ghee erwärmen. Die Kokosflocken hinzufügen und kurz anrösten, bis sie leicht bräunlich werden. Die Kokosmilch, das Masala, die Frühlingszwiebel und das Sherbet dazugeben und mit Salz abschmecken.
In einer zweiten Pfanne das Olivenöl erhitzen und darin die Crevetten kurz anbraten. Mit dem Limettensaft beträufeln und mit Salz und Pfeffer abschmecken. Die Sauce auf die Pasta geben. Die Crevetten darauf anrichten und mit abgeriebener Limettenschale garnieren.

PASTA

Nudeln mit Austernpilzen und Safransauce

200 g Penne oder Fusilli
1 EL Ghee
200 g Austernpilze, geputzt und in Streifen geschnitten
300 ml Wasser-Sahne-Mischung (1:1)
1 TL Sherbet
1 g Safranfäden oder -pulver, in 2 EL warmes Wasser eingeweicht

Die Nudeln in kochendem Salzwasser bissfest garen und warm halten.
In einer Pfanne das Ghee erwärmen und darin die Pilze bei mittlerer Hitze unter Rühren ein paar Minuten braten. Die Wasser-Sahne-Mischung, das Sherbet und die Hälfte der Safranflüssigkeit zu den Pilzen geben und mit Salz abschmecken. Die Sauce einmal kurz aufkochen und unter die Nudeln mischen. In eine Schüssel umfüllen und mit der restlichen Safransauce garnieren.

Makkaroni mit würziger Rote-Linsen-Sauce

150 g rote Linsen
500 ml Wasser
¼ TL Kreuzkümmelsamen
¼ TL Kurkumapulver
3 getrocknete Tomaten, fein gewürfelt
1 TL Sherbet
200 g Makkaroni
1 EL Ghee
10 schwarze Oliven, entsteint und halbiert
2 EL Koriandergrün, grob gehackt

Die Linsen waschen und in 500 ml kochendes Wasser geben; anschließend die Hitze reduzieren. Die Kreuzkümmelsamen und das Kurkuma hinzufügen und etwa 10 Minuten weiterkochen, bis die Linsen gar sind. Dabei regelmäßig umrühren.
Die Makkaroni in reichlich kochendem Salzwasser bissfest garen.
Die Tomatenstückchen und das Sherbet unter die Sauce mischen, mit Salz abschmecken und die Sauce warm halten.
Die Nudeln abgießen und in eine Servierschüssel umfüllen, das Ghee dazugeben und gut verrühren. Die Linsensauce unter die Nudeln mischen und mit Oliven und Koriander garniert servieren.

Nudeln mit Austernpilzen und Safransauce

GETREIDE UND HÜLSENFRÜCHTE

Vata- und Pitta-Menschen sollten grundsätzlich Vollkornprodukte bevorzugen, Kapha-Menschen eher leichtes Getreide und ganz wenig Vollkorn.

Kichererbsenmehl-Spätzle

5 l Wasser
500 g Kichererbsenmehl
1 EL gelbes Churnam
1 TL Sherbet
Salz
400 ml Wasser
100 ml Kokosmilch
2 EL Röstzwiebeln

Das Wasser zum Kochen bringen. Das Kichererbsenmehl, Churnam, Sherbet und etwas Salz in einer Schüssel mischen. Mit 400 ml Wasser zu einem Spätzleteig verkneten.
Die Kokosmilch in einer Pfanne erwärmen. Den Teig mit Hilfe eines Spätzlehobels oder einer Spätzlepresse ins Wasser gleiten lassen. 30 bis 50 Sekunden aufkochen, dann die Spätzle herausheben und zur Kokosmilch in die Pfanne geben. Schwenken, mit Salz abschmecken und mit den Röstzwiebeln garnieren.

Gemüse-Hirse-Burger

100 g Hirse
2 mehlige Kartoffeln, gewürfelt
500 g gemischtes Gemüse der Saison, gewürfelt
1 EL Sherbet
1 EL rotes Churnam
3 TL frische Kräuter, fein gehackt

Die Hirse nach Packungsanleitung zubereiten. Die Kartoffeln und das Gemüse in wenig Wasser gar kochen.
Den Backofen auf 250 Grad Umluft vorheizen.
Das Gemüse abgießen und durch die Kartoffelpresse drücken. Die Hirse mit Sherbet, Churnam und 2 TL gehackten Kräutern unter das Gemüse mischen und aus der Masse Burger formen. Diese auf ein mit Backpapier ausgelegtes Blech geben und 8-10 Minuten backen. Mit den restlichen Kräutern garnieren.

Tipps:
Reichen Sie dazu das Bunte Kichererbsenmus (Seite 56) als Dip.
Hirse zählt zu den ältesten Kulturpflanzen überhaupt und wird ähnlich zubereitet und verwendet wie Reis. Hirse enthält Magnesium für Muskeln und Nerven, Fluor für die Zähne und Eisen für den Sauerstofftransport im Blut.

Gemüse-Hirse-Burger

GETREIDE UND HÜLSENFRÜCHTE

Kochen nach Jahres- und Tageszeit
Jedes Dosha hat seine Tages- und Jahreszeit. In jedem Lebensalter ist ein Dosha dominant. Diese Rhythmen können wir durch die Ernährung unterstützen und ausgleichen.

Der tägliche Rhythmus
Vormittags zwischen 6 und 10 Uhr dominiert Kapha. Deshalb ist es gut, den Tag mit einer kleinen, leichten Mahlzeit zu beginnen. Sind Sie ein Kapha-Mensch, können Sie das Frühstück auch ganz weglassen. Mittags zwischen 10 und 14 Uhr ist Pitta und somit unser Verdauungsfeuer am stärksten. Dies ist die beste Zeit für die Hauptmahlzeit: Auch schwere Speisen können mittags gut verdaut werden. Nachmittags zwischen 14 und 18 Uhr ist Vata das vorherrschende Dosha. Um weiterhin konzentriert und wach zu bleiben, empfiehlt sich eine Teepause, z.B. mit Ingwertee. Auch ein kurzer Mittagsschlaf ist hilfreich. Auf Obst und Schokolade sollten Sie möglichst verzichten.
Abends ab 18 Uhr ist wieder Kapha an der Reihe. Essen Sie vorzugsweise gegen 18 Uhr warme, flüssige Speisen, vermeiden Sie kühle, verschleimende Lebensmittel wie Käse, Rohkost oder kalte Speisen.

Bulgur Kichadi

1 EL Ghee
50 g rote Linsen, gewaschen
150 g Bulgur
500 ml Wasser
1 TL Sherbet
1 kleine Zucchini, fein gewürfelt

In einem Topf das Ghee erwärmen und darin Linsen und Bulgur 1 Minute anbraten. 500 ml warmes Wasser und Sherbet hinzufügen. Zugedeckt bei mittlerer Hitze etwa 5 Minuten kochen, bis die Linsen und der Bulgur gar sind. Die Zucchiniwürfelchen erst nach etwa 3 Minuten dazugeben, damit sie bissfest bleiben. Bei Bedarf Wasser hinzufügen und mit Salz abschmecken.

Tipp:
Die roten Linsen und der Bulgur können durch andere Linsen- oder Getreidesorten ersetzt werden. Rote Linsen sind am schnellsten gar.

GETREIDE UND HÜLSENFRÜCHTE

Der Jahresrhythmus

Das Frühjahr steht im Zeichen von Vata. Es bedeutet Aufbruch, Bewegung und Wandlung. Empfehlenswert sind gut gewürzte, warme und kräftige Speisen; Milchprodukte haben eine unterstützende Wirkung. Auch Entschlackungstage (siehe Seite 16/17) sind im Frühjahr ideal. Verbinden Sie diese mit viel Bewegung an der frischen Luft.

Im Sommer, wie könnte es anders sein, herrscht Pitta mit seinem Feuer vor. Während dieser Jahreszeit tun Lebensmittel und Getränke gut, die eher kühl, bitter und herb sind.

Im Herbst dominiert wieder Vata. Erneut wandelt sich die Natur. Zum Herbst passen kräftige Eintöpfe, Suppen und Getreidegerichte.

Der Winter ist die Zeit der Ruhe und Verlangsamung. Hier kommt Kapha mit seiner Schwere und Stabilität zum Tragen. Genießen Sie scharfe, bittere, eher heiße und trockene Speisen. Trinken Sie weniger und bevorzugen Sie heiße Getränke. Regelmäßige moderate Bewegung ist angesagt.

Kichererbsen- und Kartoffel-Curry

1 TL Ghee
400 g Kichererbsen, gekocht
2 mittelgroße Kartoffeln, gekocht und gewürfelt
1 TL Sherbet
1 TL rotes Churnam
1 TL Tridosha-Curry
600 ml warmes Wasser
1 Handvoll frische Korianderblätter, geschnitten

In einem Topf das Ghee erwärmen. Alle Zutaten außer den Korianderblättern der Reihe nach in den Topf geben. Warmes Wasser hinzugießen. Einige Minuten bei starker Hitze kochen lassen. Abschmecken und mit Koriander garnieren.

GETREIDE UND HÜLSENFRÜCHTE

Gemüsereis

1 EL Olivenöl
200-250 g verschiedene Gemüse nach Saison, klein gewürfelt
1 TL Curry
100 g Basmatireis
400 ml warmes Wasser
½ TL Zitronensaft
½ TL Zucker
1 EL Kürbiskerne

Das Öl in einer Pfanne, im Topf oder Wok erwärmen und das gemischte Gemüse darin 1 Minute anbraten. Das Currypulver und den Reis dazugeben und ein paar Sekunden mitbraten. Warmes Wasser, Zitronensaft und Zucker hinzufügen. Bei mittlerer Hitze abgedeckt leise köcheln lassen, bis das Gemüse und der Reis gar sind. Nach Geschmack salzen und mit Kürbiskernen garniert warm servieren.

Buntes Kichererbsenmus

400 g Kichererbsen, gekocht
1 EL Sherbet
1 TL frischer Ingwer, fein gehackt
1 rote Paprika (Peperoni), fein gewürfelt
½ Schlangengurke, fein gewürfelt
1 EL Schnittlauch, geschnitten
1 EL ungeschälter Sesam
6 schwarze Oliven, entsteint und in Ringe geschnitten

Die Kichererbsen, Sherbet und etwas Wasser mit dem Stabmixer fein pürieren und nach Geschmack salzen. Den gehackten Ingwer, die Paprika- und Gurkenwürfelchen und die Schnittlauchröllchen daruntermischen. Das Kichererbsenmus auf einem Teller anrichten und mit dem Sesam und den Oliven garnieren.

Tipps:
Kichererbsenmus ist ein wunderbarer Brotaufstrich. Als Dip passt es gut zum Gemüse-Hirse-Burger (Seite 50).
Kichererbsen verarbeiten Sie wie folgt: 100 g Kichererbsen einige Stunden in 1 l lauwarmem Wasser einweichen. Anschließend im Einweichwasser etwa 45 Minuten kochen, bis sie gar sind. Schneller geht es, wenn sie ¼ TL Backpulver zum Kochwasser geben. In vielen Läden gibt es bereits vorgekochte Kichererbsen in Dosen zu kaufen.

Gemüsereis

GETREIDE UND HÜLSENFRÜCHTE

Genussvolles Essen mit allen Sinnen

Unsere Sinne sind der beste Wegweiser: Sie zeigen uns, ob das Essen für uns geeignet ist und ob es alles enthält, was wir genau zu diesem Zeitpunkt benötigen. Zum Beispiel: Wir haben plötzlich so richtig Lust auf eine Ananas. Ananas enthält unter anderem viele wichtige Enzyme. Das muss unser Körper aber gar nicht wissen – die Information erhält er allein durch Riechen und Schmecken. Er spürt: Das ist genau das, was ich jetzt brauche.

Diese ureigene Fähigkeit des Körpers wird von der Industrie, die Lebensmitteln viele künstliche Zusätze beifügt, oft ausgenützt: Der Körper möchte Nahrungsmittel, die zwar anscheinend richtig riechen, aber dennoch sehr ungesund sein können, wie z.B. bestimmte Süßigkeiten. Wenn unser Speiseplan viele naturbelassene Lebensmittel enthält, können wir aber recht schnell wieder lernen, was unser Körper mag. Wir entdecken die Nahrung mit allen Sinnen: durch Betrachten, Fühlen, Riechen und Schmecken. Nach und nach empfangen wir wieder Signale, die uns zeigen, was genau wir in diesem Moment brauchen – diese Orange oder jenes Gewürz. Und das ist viel wichtiger als z.B. der Gedanke: Ich muss heute Orangen essen, da ist viel Vitamin C drin, oder Fisch, weil er viele Omega-3-Fettsäuren enthält. Riechen Sie wieder, schmecken Sie und bekommen Sie ein Gefühl dafür, was Ihr Körper braucht.

Gemüsepolenta

1 TL Ghee
1 Pastinake, fein gewürfelt
1 Fenchelknolle, fein gewürfelt
1 Paprika (Peperoni), fein gewürfelt
2 EL Kokosflocken
150 g Maisgrieß (Polenta)
750 ml warmes Wasser
1 TL gelbes Churnam
1 TL Sherbet

Das Ghee erwärmen und darin das Gemüse und die Kokosflocken 30 Sekunden anbraten. Anschließend die Hitze stark reduzieren. Die Polenta hinzufügen und weitere 30 Sekunden anrösten. Das warme Wasser, Churnam und Sherbet hinzufügen und auf mittlerer Hitze unter Rühren aufkochen, bis eine dicke Masse entsteht. Nach Geschmack salzen.

Variation 1:
Die fertige Masse auf ein Backblech streichen und im vorgeheizten Backofen bei 180 Grad Umluft 10 Minuten backen. Kurz abkühlen lassen und in Scheiben oder Rauten schneiden.

Variation 2:
1–2 Eier unter die Masse mischen und Klößchen formen. 5 Minuten stehen lassen. In der Zwischenzeit eine Brühe aus 750 ml Wasser, 1 TL rotem Churnam und 1 EL Sherbet herstellen. Die Klößchen hineingeben und langsam erwärmen. Schmeckt lecker!

GEMÜSEGERICHTE

Alle Rezepte geben nur eine Richtung vor: Nehmen Sie sich die Freiheit, alle Gemüse und Kräuter, die gerade keine Saison haben, durch solche zu ersetzen, die gerade erhältlich sind. Wenn Sie im Dezember ein Spargelgericht zubereiten möchten, ersetzen Sie den Spargel z.B. durch Sellerie oder ähnliche Gemüse. Seien Sie kreativ und spielen Sie mit den Zutaten!

Gebratene Auberginen

1 Aubergine, in Scheiben geschnitten
1 EL rotes Churnam
1 EL Sherbet
1 EL Wasser
100 g Semmelbrösel
250 ml Sonnenblumenöl
1 TL Kräuter der Provence

Das Churnam mit Sherbet und Wasser gut vermischen. Die Auberginenscheiben in der Churnam-Mischung 5 Minuten marinieren. Das Öl in einer Pfanne erhitzen. Die Auberginenscheiben in den Semmelbröseln wenden und danach pro Seite 30 Sekunden anbraten. Herausnehmen und auf Küchenpapier entfetten. Die gebratenen Auberginen mit den Kräutern bestreuen.

Sellerie-Auberginen-Tofu-Sandwich

500 ml Wasser
2 EL Ghee
8 dünne Selleriescheiben
8 dünne Auberginenscheiben
1 TL Kräuter der Provence
4 Scheiben geräucherter Tofu
Kräutersalz

Das Wasser zum Kochen bringen. Die Selleriescheiben darin bissfest kochen. Das Ghee erhitzen und darin die Auberginenscheiben auf beiden Seiten anbraten. Die Auberginenscheiben mit den Provence-Kräutern bestreuen und zur Seite stellen. Den Backofen auf 180 Grad Umluftgrill vorheizen.
Zwischen zwei Selleriescheiben je eine Auberginenscheibe geben und nochmals eine Auberginenscheibe oben darauf legen. Zuletzt mit einer Scheibe Tofu belegen. Die Sandwiches auf ein mit Backpapier ausgelegtes Backblech geben, mit Kräutersalz bestreuen und 5-7 Minuten grillen.

Tipp:
Ätherische Öle, wie sie z.B. in Sellerie oder Meerrettich enthalten sind, haben einen scharfen Geschmack und wirken auf unsere Schleimhäute (Mund, Rachen, Magen und Darm) antibakteriell und pilztötend.

Sellerie-Auberginen-Tofu-Sandwich

GEMÜSEGERICHTE

Gefüllte Zucchini

Würzige Kartoffelspieße vom Grill

8 Kirschtomaten, geviertelt
8 Oliven, entsteint und fein gehackt
1 EL Sherbet
1 EL grünes Churnam
200 g Mascarpone
4 Zucchini, längs halbiert und ausgehöhlt
1 Handvoll Rucola, grob gehackt

Tomatenviertel, Oliven, Sherbet, Churnam sowie Mascarpone in eine Schüssel geben und vermischen. Mit Salz abschmecken und alles in die ausgehöhlten Zucchinihälften füllen. Jede Zucchinihälfte vorsichtig in Alufolie einwickeln. Beim Grillen ein paar Mal wenden. Die fertigen Zucchini aus der Alufolie nehmen und mit Rucola garniert servieren.

Tipp:
Die Zucchini können auch im Umluft-Backofen für 15 Minuten bei 200 Grad gegrillt werden. Dann aber ohne Alufolie.

2 TL gelbes Churnam
1 TL Sherbet
2 EL Wasser
200 g festkochende Kartoffeln, gekocht
200 g Crème fraîche
1 TL grünes Churnam

Das gelbe Churnam mit Sherbet und Wasser vermischen und abschmecken. Die Kartoffeln halbieren und in der Mischung einige Male wenden. Die Kartoffelstücke auf Spieße stecken, grillen und dabei die restliche Marinade daraufpinseln.
Die Crème fraîche mit dem grünen Churnam mischen, nach Geschmack salzen und als Dip zu den Kartoffeln servieren.

GEMÜSEGERICHTE

Paprika mit geräuchertem Tofu

250 g geräucherter Tofu oder Naturtofu, fein gehackt
1 TL Tridosha-Curry
1 EL Sherbet
1 EL frische Kräuter, fein gehackt
4 Paprika (Peperoni), der Länge nach halbiert und entkernt

Die Tofustückchen mit Tridosha-Curry, Sherbet und den gehackten Kräutern mischen und mit Salz abschmecken. In die vorbereiteten Paprikahälften füllen. Jede Hälfte in Alufolie einwickeln und grillen.

Tipp:
Sie können die gefüllten Paprikahälften auch 15–20 Minuten im Backofen garen. Verzichten Sie dann auf die Alufolie und heizen Sie den Umluftgrill auf 200 Grad vor. Dazu passt Kinder-Ketchup (siehe Seite 80).

Gemüsespieße

Marinade:
500 g Magerjoghurt
1 EL gelbes Churnam
½ TL Kurkuma
½ TL Chilipulver
1 EL Sherbet

2 Paprika, grob gewürfelt
1 Zucchini, in dicke Scheiben geschnitten
10 Champignons, halbiert
10 Kirschtomaten

Die Zutaten für die Marinade mischen und mit Salz abschmecken.
Das Gemüse in eine Schüssel geben, salzen und etwas Wasser darüberträufeln. Nun die Gemüsestücke abwechselnd auf mehrere Spieße stecken. Die Marinade großzügig auf dem Gemüse verteilen und ein paar Minuten grillen. Während des Grillens mit der restlichen Marinade bepinseln.

GEMÜSEGERICHTE

Kartoffeln in pikanter grüner Sauce

500 g festkochende Kartoffeln, geschält und gewürfelt
200 ml Wasser-Sahne-Mischung (1:1)
1 EL grünes Churnam
1 TL Sherbet
10 frische Minzeblätter oder 1 Handvoll frische Korianderblätter

Die Kartoffeln bissfest kochen.
In der Zwischenzeit die Wasser-Sahne-Mischung mit den restlichen Zutaten pürieren. Die Sauce mit den Kartoffeln in einen Topf geben und kurz erwärmen. Mit Salz abschmecken und servieren.

Zucchini und Paprika in würziger Erdnusssauce

100 g gesalzene Erdnüsse, klein gehackt
$\frac{1}{2}$ TL gemahlener Ingwer oder 1 TL frischer Ingwer, klein geschnitten
200 ml Wasser-Sahne-Mischung (1:1)
100 ml Kokosmilch
1 TL Ghee
2 Zucchini, klein gewürfelt
2 rote Paprika (Peperoni), klein gewürfelt
100 ml Kokosmilch
2 TL frische Kräuter, gehackt

Erdnüsse, Ingwer, Wasser-Sahne-Mischung und Kokosmilch pürieren. Die Mischung anschließend in einen Topf geben und 2 Minuten aufkochen lassen. Mit Salz abschmecken und warm halten.
Das Ghee in einer Pfanne erhitzen und darin die Gemüse kurz anbraten. Die Kokosmilch dazugeben und abschmecken. Die Sauce in eine Servierschüssel füllen, das gebratene Gemüse darauflegen und mit den Kräutern garnieren.

Kartoffeln in pikanter grüner Sauce

GEMÜSEGERICHTE

Süßkartoffel-Apfel-Eintopf

1 TL Ghee
2 TL frischer Ingwer, gehackt
1 Frühlingszwiebel, in Ringe geschnitten
250 g Süßkartoffeln, geschält und gewürfelt
600 ml warmes Wasser
1 TL Sherbet
1 Apfel

Das Ghee erhitzen. Den Ingwer und die Frühlingszwiebel darin ein paar Sekunden anbraten. Die Süßkartoffelwürfel dazugeben und weitere 15 Sekunden braten. Das warme Wasser und Sherbet dazugeben und abgedeckt bei mittlerer Hitze etwa 7 Minuten köcheln lassen. Mit Salz abschmecken. In der Zwischenzeit den Apfel grob reiben und damit das fertige Gericht garnieren.

Tipp:
Frühlingszwiebeln haben ein sehr feines Aroma und geben Gerichten eine dezente Note.

Kohlrabi-Kokos-Schnitzel

500 ml Wasser
2 mittelgroße Kohlrabi, geschält und in dünne Scheiben geschnitten
100 ml Kokosmilch
1 TL Sherbet
50 g Kokosflocken

Den Backofen auf 180 Grad Umluft vorheizen. Backblech(e) mit Backpapier vorbereiten.
Das Wasser zum Kochen bringen. Die Kohlrabischeiben darin 4-5 Minuten bissfest kochen, dann abgießen und trocken tupfen. Die Kokosmilch in einer Schüssel mit Sherbet und etwas Salz abschmecken. Die Kohlrabischeiben erst in Kokosmilch eintauchen und danach in den Kokosflocken wenden. Aufs Blech legen und in etwa 10 Minuten im Backofen leicht braun werden lassen.

Tipp:
Die Kohlrabi können aufgrund des ähnlichen Geschmacks durch weiße Rüben ersetzt werden, aber auch durch Sellerieknolle, Rote Bete (Randen), Kartoffeln oder Kürbis.

Kohlrabi-Kokos-Schnitzel

Kartoffelklößchen in Kokos-Meerrettich-Sauce

200 ml Kokosmilch
1 EL Meerrettich
300 g mehlige Kartoffeln, gekocht
1 EL Sherbet
1 EL gelbes Churnam
1 EL Kresse
1 EL Pinienkerne
2–4 EL Haferflocken
4 Radieschen, fein gerieben

Die Kokosmilch kurz aufkochen. Anschließend die Hitze etwas reduzieren, den Meerrettich dazugeben, mit Salz abschmecken und die Milchmischung warm halten.
Die Kartoffeln durch eine Kartoffelpresse drücken. Sherbet und Churnam, Kresse, Pinienkerne und Haferflocken nach Bedarf darunterrühren. Die Mischung nochmals mit Salz abschmecken. Mit zwei angefeuchteten Esslöffeln aus der Kartoffelmasse Klößchen abstechen und auf einem Teller oder einer Servierplatte anrichten. Die warme Sauce darübergießen und mit geriebenen Radieschen garnieren.

Gemüse in Kokosmilch

1 EL Ghee
400 g gemischtes Gemüse, gewürfelt
150 ml Kokosmilch
½ TL Kurkuma
½ TL Ingwer, gemahlen
½ TL Tridosha-Curry
1 EL frische Korianderblätter oder Petersilie, gehackt

Das Ghee in einem Topf erhitzen und das Gemüse darin ein paar Sekunden anbraten. Mit der Kokosmilch ablöschen. Kurkuma, Ingwer und Tridosha-Curry dazugeben und zugedeckt ein paar Minuten dünsten, bis die Gemüse bissfest sind. Nach Bedarf und Gefühl etwas Wasser dazumischen. Nach Geschmack salzen und mit frischen Kräutern garnieren.
Als Beilage eignen sich grüne Bandnudeln.

Tipp:
Entscheiden Sie sich für Gemüse, das gerade Saison hat. Sehr lecker ist zum Beispiel die Kombination aus Paprika (Peperoni), Karotten und Zucchini.

Gemüse in Kokosmilch

GEMÜSEGERICHTE

Kartoffel-Gemüse-Gratin

600 g Kartoffeln, geschält und in dünne Scheiben geschnitten
1 Karotte, in dünne Scheiben geschnitten
1 Zucchini, in dünne Scheiben geschnitten
300 ml Milch und 50 ml Sahne, vermischt
1 EL Kartoffelstärke
1 TL Sherbet
1 TL Masala
1 Tomate, klein gewürfelt
1 EL Schnittlauch, gehackt

Den Backofen auf 180 Grad Umluft vorheizen.
Kartoffel-, Karotten- und Zucchinischeiben abwechselnd in eine feuerfeste Form schichten. Die Milch-Sahne-Mischung mit Sherbet und Masala gut verquirlen. Nach Geschmack salzen und gleichmäßig über das Gemüse geben. Im Ofen etwa 30 Minuten backen. Mit den Tomatenwürfeln und Schnittlauch bestreuen.

Kräuter-Sellerie

2 EL Olivenöl
2 EL Ghee
500 g Knollensellerie, in Pommes-frites-Größe geschnitten
3 EL gemischte frische Kräuter, fein gehackt
1 TL Zitronenschale, gerieben
1 EL Mandeln, gestiftet
100 ml Wasser
1 Handvoll frische Korianderblätter, gehackt

Den Backofen auf 200 Grad Umluft vorheizen.
Das Olivenöl mit dem Ghee verrühren. Die Sellerieschnitze mit allen Zutaten außer dem frischen Koriander mischen. Das Wasser darübergießen und nochmals gut durchmischen. Mit Salz abschmecken. In eine Auflaufform oder auf ein Backblech geben. Etwa 15 Minuten im Ofen backen, bis das Gemüse leicht braun ist. Einmal kurz umrühren. Nach Bedarf noch etwas Wasser dazugießen, damit die Sellerieschnitze gar werden. Anrichten und mit Korianderblättern garnieren.

Tipp:
Den Auflauf können Sie je nach Saison auch mit anderem Gemüse zubereiten.

Kartoffel-Gemüse-Gratin

GEMÜSEGERICHTE

Buntes Gemüse-Curry

1 EL Ghee
2 Karotten, gewürfelt
2 Zucchini, gewürfelt
2 rote Paprika (Peperoni), gewürfelt
2 Tomaten, gewürfelt
200 ml Kokosmilch oder Wasser-Sahne-Mischung (1:1)
1 TL Sherbet
1 TL Kurkuma
1 TL Tridosha-Curry
1 Handvoll Korianderblätter, grob gehackt

Das Ghee in einem Topf erwärmen. Darin die Karotten kurz andünsten, die Flüssigkeit und die Gewürze hinzufügen und einige Minuten zugedeckt bei mittlerer Hitze garen. Das restliche Gemüse hinzufügen und einmal kurz aufkochen lassen. Mit Salz abschmecken und mit den Korianderblättern garnieren.

Mit Pfifferlingen gefüllte Kartoffeln

500 g Kartoffeln, gekocht
200 g Pfifferlinge, gebürstet und fein geschnitten
200 g saure Sahne oder Schmand
1 TL Sherbet
1 TL Maisgrieß (Polenta)
1 TL frische Kräuter, fein gehackt
1 rote Paprika (Peperoni), fein gewürfelt
Einige frische Basilikumblätter

Den Backofen auf 250 Grad Umluft vorheizen.
Die Kartoffeln der Länge nach halbieren und mit einem Teelöffel aushöhlen. Die ausgelöste Kartoffelmasse mit Pfifferlingen, Sahne oder Schmand, Sherbet, Maisgrieß und Kräutern mischen. Abschmecken. Diese Masse in die ausgehöhlten Kartoffeln füllen und in einer gefetteten, feuerfesten Form im Backofen etwa 15 Minuten goldbraun überbacken. Mit Paprikawürfelchen und Basilikum garnieren.

Tipp:
Frische Pfifferlinge haben von Juli bis September Saison. Pfifferlinge duften angenehm, schmecken zunächst mild, dann kräftiger, und sie bleiben verhältnismäßig lange frisch.

Buntes Gemüse-Curry

REZEPTE FÜR DEN BERUFSALLTAG

Sesam-Konfekt

Für 2 Personen

1 TL Ghee
100 g Jaggery
100 g ungeschälter Sesam
1 EL gehackte Mandeln
1 EL Erdnusspulver
¼ TL Ingwer, gemahlen

Das Ghee erhitzen, Jaggery dazugeben und schmelzen lassen. So lange köcheln lassen, bis die Masse eine mittelbraune Farbe annimmt. Den Sesam und die restlichen Zutaten hinzufügen. Weiterkochen, bis die Masse dicklich geworden ist.
Ein Backblech mit Ghee einfetten und die fertige Mischung daraufstreichen. Etwas abkühlen lassen und anschließend in gleichmäßige Stückchen schneiden.

Tipp:
Jaggery ist Palmzucker aus Palmsaft oder Zuckerrohrsaft. Man erhält ihn in Asialäden in Pulverform, Blöcken oder Würfeln.

Polenta-Konfekt

Für 2 Personen

1 EL Ghee
50 g Maisgrieß (Polenta)
1-2 EL brauner Zucker
1-2 EL Sahne
2 EL Kokosflocken

Das Ghee in einer Pfanne oder einem Topf erwärmen. Den Maisgrieß hinzufügen und bei niedriger Hitze mit einem Löffel ständig umrühren, damit er nicht anbrennt. Nach ein paar Minuten den Zucker dazugeben und weiter umrühren. Nach 5 Minuten wird das Mehl bräunlich und bekommt ein nussiges Aroma. Nun so viel Sahne dazumischen, bis eine ziemlich feste Masse entsteht. Etwas abkühlen lassen. Mit feuchten Händen walnussgroße Kugeln formen und in Kokosflocken wälzen.
Sie können die Masse auch auf einem mit Ghee bepinselten Blech ausstreichen, Kokosflocken darüberstreuen und nach dem Erkalten in kleine Quadrate schneiden.

Aprikosencreme

Für 2 Personen

100 ml Wasser
2 EL brauner Zucker
6 Aprikosen, entsteint und gewürfelt
1 Prise Muskatnuss
1 EL Kokosflocken, geröstet
3 EL Sahne, geschlagen
1 EL Mandeln, gehackt

Das Wasser mit dem Zucker erhitzen. Die Aprikosen dazugeben und ein paar Minuten kochen. Dann pürieren und abkühlen lassen. Muskatnuss und die gerösteten Kokosflocken in das Aprikosenpüree rühren. Die Schlagsahne vorsichtig unter die Creme mischen. Mit den gehackten Mandeln garnieren.

Tipp:
Kokosflocken können Sie leicht im Backofen rösten: Ofen auf 180 Grad vorheizen. 200 g Kokosflocken auf ein Blech streuen und in 4–5 Minuten dunkelbraun werden lassen. Man streut die Flocken auf pikante, warme Speisen. Sie haben ein wunderbar nussiges Aroma.

Couscous-Eintopf

Für 2 Personen

250 ml Wasser
25 g Berglinsen, gewaschen
50 g Couscous, gewaschen
1 TL Sherbet
1 TL gelbes Churnam
½ rote Paprika, gewürfelt
1 TL Ghee

Das Wasser zum Kochen bringen. Die Linsen dazugeben und bei mittlerer Hitze zugedeckt 2 Minuten kochen. Danach Couscous, Sherbet und Churnam hinzufügen. Nochmals 5 Minuten abgedeckt kochen, bis die Linsen und der Couscous gar sind und keine Flüssigkeit mehr übrig ist. Mit Salz abschmecken und mit Paprikawürfeln garnieren.

Tipp:
Couscous kann durch jedes beliebige Getreide ersetzt werden.

Grundlegende Tipps für die Ernährung nach Ayurveda

1. Das Essen sollte zur richtigen Zeit verzehrt werden: Nämlich dann, wenn das Verdauungsfeuer stark ist, und Sie richtig Hunger haben. Wenn wir essen, ohne hungrig zu sein, vergiften wir langsam unseren Körper. Essen Sie Ihnen Vertrautes, Frisches, Warmes und leicht Verdauliches. Am besten kommt es aus Ihrer Gegend, entspricht der Jahreszeit und stammt überwiegend aus biologischem Anbau.
2. Das Essen sollte alle sechs Geschmacksrichtungen (süß, sauer, salzig, bitter, scharf und herb) enthalten. Der süße Geschmack ist der Anfang und das Ende. Folgen Sie überwiegend dem Geschmack, der Ihre eigene Konstitution oder eine bestehende Krankheit ausgleicht (siehe Seite 14): Für Vata süß, sauer und salzig; für Pitta bitter, herb und süß und für Kapha scharf, herb und bitter.
3. Die Ernährung sollte zum Klima und zu Ihrer Konstitution passen.
4. Waschen Sie vor dem Essen Ihre Hände und Ihr Gesicht.
5. Denken Sie vor der Mahlzeit mit Respekt an Ihre Vorfahren, Ihre Familienmitglieder und an Gott.
6. Nehmen Sie eine gute Sitzhaltung ein: Das hilft Ihrer Verdauung, denn Ihr Bauch hat mehr Platz.
7. Essen Sie in aller Ruhe – nicht zu schnell und nicht zu langsam –, ohne viel dabei zu reden.
8. Mit Liebe zubereitetes und serviertes Essen, angenehme Gesellschaft: Das sind die besten Zutaten.
9. Ein Drittel des Magens wird mit Essen, das zweite Drittel wird mit Flüssigkeit gefüllt. Das restliche Drittel bleibt frei für Luft, die Jathara Agni, das Verdauungsfeuer, anschürt.
10. Reis, Hülsenfrüchte und Linsen enthalten viele nährende Proteine – Tiereiweiß ist nicht zwingend notwendig.
11. Vermeiden Sie Alkohol, kohlensäure- oder koffeinhaltige Getränke, raffinierten Zucker, Konservierungsstoffe und Dosennahrung.

REZEPTE FÜR DEN BERUFSALLTAG

Tomaten-Oliven-Reispfanne

Für 2 Personen

100 g Rundkornreis
1 EL Ghee
1 Frühlingszwiebel, klein geschnitten
4 getrocknete Tomaten, gewürfelt
1 TL Sherbet
1 Handvoll schwarze Oliven, in Ringe geschnitten

Den Reis nach Packungsbeschreibung kochen und warm halten.
Das Ghee in einer Pfanne oder einem Topf erwärmen und die Zwiebeln darin ½ Minute andünsten. Tomaten, Reis und Sherbet hinzufügen, kurz umrühren. Mit Salz abschmecken und mit den Oliven garnieren.

Zanderfilets in Kräuter-Kokos-Sauce

Für 2 Personen

1 TL Ghee oder Olivenöl
1 EL frische Kräuter, gehackt
100 ml Kokosmilch
1 TL Sherbet
1 TL grünes Churnam
2 küchenfertige Zanderfilets

Die Kräuter einige Sekunden in Ghee andünsten. Kokosmilch, Sherbet und Churnam darunterrühren und 1 Minute aufkochen. Die Fischfilets dazugeben und pro Seite 1-2 Minuten braten, bis sie gar sind. Mit Salz abschmecken und servieren.

Tipp:
Dazu passen gut in Butter oder Ghee gebratene Pilze. Am besten eignen sich Steinpilze. Schmackhaft und einfach!

Gedünstete Zucchini mit Kräuterquark und Grapefruit

Für 2 Personen

1 TL Ghee
1 Zucchini, in dünne Scheiben geschnitten
¼ TL Sojasauce
1 Grapefruit, geschält und filetiert
200 g Kräuterquark, gekauft oder selbst hergestellt

Das Ghee in einer Pfanne erhitzen. Die Zucchinischeiben mit 1 EL Wasser dazugeben und bei starker Hitze ein paar Sekunden braten. Nun die Sojasauce hinzufügen und mit Salz abschmecken. Zucchinischeiben mit Grapefruitfilets auf einer Platte anrichten und in die Mitte den Kräuterquark geben.

Karotten in Sesamsauce

Für 2 Personen

500 ml Wasser
2 Karotten, gewürfelt
1 EL Gomasio (gemahlener Sesam)
1 TL Sherbet
1 TL rotes Churnam
1 TL frischer Ingwer, gerieben
2 EL frische Korianderblätter, gehackt

Das Wasser zum Kochen bringen und die Karottenwürfel hineingeben. Bei mittlerer Hitze halb zugedeckt 5 Minuten köcheln. Gomasio, Sherbet und Churnam hinzufügen und eine weitere Minute kochen. Nach Geschmack salzen und mit Ingwer und Koriander garnieren.

Tomatensalat

Für 2 Personen

2 Rispentomaten, gewürfelt
1 Knoblauchzehe, fein gehackt (optional)
1 TL Sherbet
4 Basilikumblätter, grob gehackt

Alle Zutaten gut vermischen und mit Salz abschmecken. Voilà!

REZEPTE FÜR DEN BERUFSALLTAG

Kartoffelgulasch

Für 2 Personen

500 ml Wasser
2-3 festkochende Kartoffeln, gewürfelt
1 Karotte, gewürfelt
1 Tomate gewürfelt
½ TL Sojasauce
1 Handvoll frische Kräuter, fein gehackt
1 Paprika (Peperoni), fein gewürfelt
2-3 EL Sahne, Kokos- oder Sojamilch (optional)

Das Wasser zum Kochen bringen. Die Kartoffel- und Karottenwürfel darin etwa 10 Minuten gar kochen. Die restlichen Zutaten daruntermischen, mit Salz abschmecken und noch einmal kurz aufkochen lassen. Je nach Konstitution Sahne, Kokos- oder Sojamilch dazugeben.

Würzige Bratkartoffeln

Für 2 Personen

1 TL Ghee
1 Zwiebel, gewürfelt
2-3 Kartoffeln, bissfest gekocht und gewürfelt
2 EL Kokosflocken
1 frische Chilischote, in Streifen geschnitten
1 TL Sherbet
1 TL rotes Churnam
1 EL frische Kräuter, gehackt

Das Ghee in einer Pfanne oder einem Topf erwärmen. Darin bei starker Hitze die Zwiebelwürfel anbraten, bis sie braun sind; anschließend die Hitze reduzieren. Nun die Kartoffelstückchen, die Kokosflocken und Chilistreifen dazugeben. Sherbet und Churnam mit 2 EL Wasser verrühren und über die Kartoffelmischung träufeln. Bei starker Hitze kurz aufkochen, dabei wenden, mit Salz abschmecken und mit Kräutern garnieren.

GERICHTE FÜR KINDER UND JUGENDLICHE

Ayurvedaküche für Kinder und Jugendliche
In der Kindheit geht es um Wachstum und Aufbau. Das Kind wächst in seine Konstitution hinein. Vornehmlich ist die Kindheit Kapha-Zeit. Für die Ernährung bedeutet dies, dass aufbauende und nahrhafte Kost jetzt wichtig ist. Das Essverhalten eines Kindes wird einerseits beeinflusst von seiner Grundkonstitution, andererseits aber vom Verhalten der Eltern, von ihren Ernährungsüberzeugungen und -gewohnheiten: Ein Kind »muss« essen und es soll vor allen Dingen das mögen, was auch die Eltern für gut und gesund halten. Aufgrund hartnäckiger Glaubensmuster, an denen die Eltern festhalten, entstehen gerne innere und äußere Machtkämpfe zwischen Eltern und Kind. Über das Essen nimmt ein Kind auch die Liebe und Zuwendung von Mutter und Vater auf. Die gute Energie einer liebevoll zubereiteten Mahlzeit ist ebenso wichtig wie die Speise selbst.

So äußert sich der Konstitutionstyp bei Kindern:
- Ein Vata-Kind bevorzugt Rohkost, Obst und leichte Nahrung. Sein Appetit ist wechselhaft. Bisweilen besteht ein Bedürfnis nach Süßigkeiten und Nudelgerichten.
- Ein Pitta-Kind zeigt starken Hunger und isst mit gutem Appetit.
- Ein Kapha-Kind isst gerne und viel. Am liebsten mag es süße, kräftige Nahrung.

Ravioli

Teig:
200 g Dinkelmehl
1 TL flüssiges Ghee
Wasser und Salz

Füllung:
200 g gemischtes Gemüse, fein gehackt
2 EL Kichererbsenmehl
1 EL Wasser
½ TL Sherbet
½ TL gelbes Churnam
1 EL Petersilie, gehackt
1 l Wasser

Aus Dinkelmehl, Ghee, Wasser und Salz einen festen, aber elastischen Teig herstellen und diesen 30 Minuten ruhen lassen. Für die Füllung alle Zutaten gut mischen und mit Salz abschmecken.
Den Teig ausrollen und Kreise von etwa 4 Zentimeter Durchmesser ausstechen. Je 1 TL Gemüsefüllung auf einen Teigkreis geben, den Rand mit Wasser bestreichen und einen zweiten Teigkreis daraufsetzen. Den Rand andrücken. Die Ravioli in das kochende Wasser geben und die Hitze reduzieren. Bei geringer Temperatur abgedeckt 3-4 Minuten ziehen lassen. Abgießen und mit einer Sauce nach Wahl anrichten. Wenn Sie die Ravioli zu einem späteren Zeitpunkt fertigstellen möchten, legen Sie sie bis dahin in kaltes Wasser.

Tipps:
Reichen Sie zu den Ravioli Ghee mit Petersilie, Ketchup oder selbst gemachte Carbonara-Sauce.

GERICHTE FÜR KINDER UND JUGENDLICHE

Gemüserisotto

1 TL Ghee
1 Zwiebel, fein gehackt
200 g Rundkornreis
800 ml Wasser
200 g gemischtes Gemüse, fein gewürfelt
100 ml Kokosmilch
1 EL Sherbet
2 EL Kräuter der Saison, gehackt

Das Ghee erwärmen und die Zwiebel darin glasig dünsten. Den Reis dazugeben, 1-2 Minuten weiterdünsten und mit dem Wasser ablöschen. Die restlichen Zutaten hinzufügen und abgedeckt bei mittlerer Hitze kochen, bis der Reis gar ist. Nach Geschmack salzen und mit den frischen Kräutern garnieren.
Dazu passen gut Gemüseburger und Ketchup (Seite 86).

Kinder-Carbonara-Sauce

1 TL Ghee
1 EL Grieß
100 ml Wasser
100 ml Sojacreme, Sahne oder Kokosmilch
100 g Pfifferlinge, klein gehackt
2 getrocknete Tomaten, fein gewürfelt
1 TL Sherbet

Das Ghee erwärmen und darin den Grieß ein paar Minuten anrösten. 100 ml Wasser und die übrigen Flüssigkeiten hinzufügen und verrühren. Die Pfifferlinge, die Tomaten und das Sherbet in die Sauce geben und mit Salz abschmecken.
Die Sauce zu Teigwaren nach Wahl oder zu den Ravioli (Seite 80) servieren.

GERICHTE FÜR KINDER UND JUGENDLICHE

Soja-Bolognese

100 g Soja, gehackt und in
lauwarmem Wasser eingeweicht
1 TL Ghee
½ Zwiebel, gehackt
1 Knoblauchzehe, gehackt
100 ml Ketchup (siehe Seite 86)
2 TL klein gehackte, frische Kräuter
oder ½ TL Kräuter der Provence
1 TL Sherbet
100 ml Wasser

Das Einweichwasser des Soja abgießen. Das Ghee erwärmen und darin Zwiebel und Knoblauch 2 Minuten anbraten. Die restlichen Zutaten, 100 ml Wasser und das Sojahack hinzufügen, kurz aufkochen und mit Salz abschmecken.

Tipp:
Die Bolognese eignet sich sehr gut als Sauce für Nudeln, für Ravioli oder für Pizza.

Sellerie-Pommes

1 Sellerieknolle, Schnitze in Form von
Pommes frites geschnitten
2 TL Grieß
¼ TL Tridosha-Curry
¼ TL süßes Paprikapulver
¼ TL brauner Zucker
1 TL flüssiges Ghee

Den Backofen auf 200 Grad Umluft vorheizen.
Den Grieß mit den Gewürzen mischen und unter die Sellerieschnitze mischen. Mit Salz abschmecken und ein paar Minuten ziehen lassen. Die Sellerieschnitze auf ein mit Backpapier ausgelegtes Backblech legen und in etwa 10 Minuten knusprig backen. Dabei ein paar Mal wenden und mit flüssigem Ghee bepinseln.

GERICHTE FÜR KINDER UND JUGENDLICHE

Worauf Sie achten können, wenn Sie Mahlzeiten für Kinder zubereiten:

- Kreativität entwickeln,
- Farbe (bunt), Form und Konsistenz beachten,
- frische, regionale Produkte mit hoher Qualität bevorzugen,
- weitgehend auf Fertigprodukte verzichten,
- beste Qualitätsmilch verwenden, aber Milchprodukte insgesamt sparsam einsetzen wegen der Gefahr von Verschleimung und Infekten,
- sehr saure Produkte wie Essig, Pickles und Zitrusfrüchte ebenfalls sparsam verwenden, da sie zu Hautproblemen und Entzündungen führen können,
- milde Gewürze wie Zimt, Kardamom, Fenchel und Anis verwenden, ab und zu auch Ingwer anbieten, später auch Kreuzkümmel, Senfkörner usw.,
- heimische frische Kräuter verwenden und nach den Tridosha-Prinzipien kochen.

Kartoffelpuffer

4 festkochende Kartoffeln
2-3 EL Kichererbsenmehl
1 TL Sherbet
1 TL gelbes Churnam
2 EL Ghee

Die Kartoffeln schälen, fein reiben und sofort mit ¼ TL Salz bestreuen. Das Kichererbsenmehl, Sherbet und Churnam mit den Kartoffeln mischen, salzen und daraus kleine, dünne Fladen formen.
Die Fladen im heißen Ghee auf beiden Seiten goldgelb braten. Mit Apfelkompott servieren.

Apfelkompott

100 ml Wasser
1 EL brauner Zucker
2 Äpfel (Cox Orange oder Golden Delicious)
1 Prise Zimt
1 EL Kokosflocken, geröstet
1 EL Mandelblättchen, geröstet

Das Wasser mit dem Zucker erhitzen. Einen Apfel waschen, zerkleinern und im Zuckerwasser weich kochen. Anschließend pürieren und abkühlen lassen.
Den zweiten Apfel in Würfelchen schneiden. Die Apfelwürfel mit Zimt und Kokosflocken (siehe Seite 75) in das Apfelpüree rühren. Mit Mandelblättchen garniert servieren.

GERICHTE FÜR KINDER UND JUGENDLICHE

Ketchup

1 Kartoffel, geschält und gewürfelt
4 Karotten, geschält und gewürfelt
⅛ rote Bete (Rande), geschält und gewürfelt
2 Tomaten, gewürfelt
1 EL Sherbet
1 TL rotes Churnam
1 EL brauner Zucker
2 Msp. Chilipulver
2 Msp. Nelkenpulver
1 TL Kartoffelstärke

Alle Gemüse mit Wasser bedeckt kochen, bis sie weich sind. Die Gewürze und die in Wasser aufgelöste Stärke dazumischen, alles glatt pürieren und mit Salz abschmecken. Im Kühlschrank hält sich das Ketchup 5 Tage.

Gemüseburger

4 Kartoffeln, geschält und gewürfelt
250 g gemischtes Gemüse, gewürfelt
2 EL Dinkel- oder Reismehl
1 EL Sherbet

Den Backofen auf 180 Grad Umluft vorheizen.
Die Kartoffeln und das Gemüse in etwas Wasser gar kochen, abgießen und durch eine Kartoffelpresse drücken. Die restlichen Zutaten hinzufügen und alles zu einer dicken Masse verrühren. Nach Geschmack salzen. Mit feuchten Händen Burger formen, auf ein mit Backpapier belegtes Blech geben und im heißen Ofen etwa 10 Minuten backen.

Tipp:
Servieren Sie die Gemüsefladen wie Burger in Vollkornbrötchen und garnieren Sie sie jeweils mit einem Salatblatt und etwas Ketchup. Für Vata braten Sie die Fladen in einer Pfanne mit Fett aus und servieren diese mit vielen Kräutern auf Vollkornbrot. Für Pitta schmecken Sie die Gemüsemischung mild ab. Kapha verträgt es schärfer: Verwenden Sie etwas mehr Churnam für den Teig oder bestreuen Sie die fertigen Fladen mit Pfeffer. Für Pitta und Kapha bereiten Sie die Fladen im Backofen zu und bieten dazu Weißbrot an.

FISCH UND FLEISCH

Lachs in Minze-Kokos-Sauce

1 Handvoll frische Minzeblätter oder 2 TL getrocknete Minze
100 g Kokosflocken
1 TL Sherbet
1 TL grünes Churnam
1 Tasse Wasser
4 Lachsfilets, insgesamt etwa 600 g

Den Backofen auf 200 Grad Umluft vorheizen.
Minzeblätter, Kokosflocken, Sherbet, Churnam und das Wasser im Mixer oder mit dem Mixstab glatt pürieren. Mit Salz abschmecken. Die Sauce sollte dickflüssig sein.
Vier Blätter Alufolie in der Mitte leicht einölen. Die Lachsfilets auf die Alufolie legen und die Sauce darübergießen. Die Folie über den Filets jeweils gut falten und verschließen. Im Ofen 10-15 Minuten backen.

Kabeljau-Curry

1 EL Ghee
3 Tomaten, fein gewürfelt
1 TL Sherbet
1 TL gelbes Churnam
1 TL Tridosha-Curry
200 ml Kokosmilch
4 Kabeljaufilet, je etwa 150 g
frische Korianderblätter, gehackt

Das Ghee in einem weiten Topf oder einer Pfanne erwärmen und die Tomaten darin ein paar Minuten anbraten. Sherbet, Churnam und Tridosha-Curry hinzufügen und 30 Sekunden mitbraten. Nun die Hitze erhöhen und die Kokosmilch angießen. Die Filets auf die Sauce legen und bei mittlerer Hitze zugedeckt 5-8 Minuten garen, dabei einmal wenden. Nach Geschmack salzen und mit Korianderblättern garnieren.

Kabeljau-Curry

FISCH UND FLEISCH

Rotbarschklößchen

400 g Rotbarschfilet
1 EL Ghee
1 Zwiebel, fein gehackt
1 Knoblauchze, fein gehackt
3-4 EL Maisgrieß (Polenta)
1 TL Sherbet
1 TL gelbes Churnam
100 g Sesam

Den Backofen auf 200 Grad Umluft vorheizen.
Das Fischfilet in wenig Wasser blanchieren. Anschließend mit etwas Fischwasser im Mixer pürieren.
Das Ghee erhitzen, Zwiebel und Knoblauch darin einige Minuten anbraten. Zusammen mit den restlichen Zutaten außer dem Sesam unter die Fischmasse mischen. Mit zwei Esslöffeln Klößchen formen und diese in Sesam wälzen. Auf ein Blech mit Backpapier legen und 10 Minuten backen.

Garnelen-Fenchel-Pilaf

1 TL Ghee
500 g Garnelen, gegart
1 Fenchelknolle, fein gewürfelt
100 g Basmatireis
1 TL Sherbet
1 TL gelbes Churnam
300 ml warmes Wasser
1 TL Petersilie, gehackt

Das Ghee erwärmen. Garnelen, Fenchel und Reis darin ein paar Sekunden andünsten. Sherbet, Churnam und das warme Wasser hinzufügen und aufkochen. Nun die Hitze reduzieren und in etwa 5-7 Minuten abgedeckt gar kochen. Nach Bedarf noch etwas Wasser dazugeben. Nach Geschmack salzen und mit Petersilie garnieren.

FISCH UND FLEISCH

Gambas vom Grill

2 Knoblauchzehen, fein gehackt
100 ml Olivenöl
2 TL Sherbet
2 TL Sojasauce
1 Handvoll Salbeiblätter, fein gehackt
600 g küchenfertige Gambas oder Riesengarnelen

Den gehackten Knoblauch, das Olivenöl, Sherbet, Sojasauce und Salbeiblätter in eine Schüssel geben, gut mischen und mit Salz abschmecken.
Die Gambas oder Garnelen eng auf die Spieße stecken. Die Spieße zunächst ohne Marinade auf beiden Seiten ein paar Sekunden gut durchgrillen. Danach die Marinade aufpinseln und fertig grillen.

Tipp:
Diese Marinade ist für alle Sorten von Salzwasserfischen geeignet.

Fisch auf indische Art

500 g Magerjoghurt
1 EL rotes Churnam
½ TL Kurkuma
½ TL Chilipulver
1 EL Sherbet
4 Lachsfilets à 150 g
1 TL Zitronensaft

Das Joghurt in einer Schüssel oder Auflaufform mit Churnam, Kurkuma, Chilipulver und Sherbet verrühren. Nach Geschmack salzen. Die Lachsfilets darin mindestens 20 Minuten marinieren. Die Fischstücke auf Spieße stecken und auf beiden Seiten langsam grillen. Die restliche Marinade während des Grillens auf den Fisch pinseln. Zum Schluss mit Zitronensaft beträufeln.

Tipp:
Es geht auch ohne Spieß: Die Lachsfilets einfach auf den Grill legen und mit der Grillzange wenden. Die Marinade passt auch gut zu Fleisch, Garnelen, Gemüse oder Tofu.

FISCH UND FLEISCH

Feurige Hähnchenkeulen

1 EL Ghee
4 Hähnchenkeulen
1 TL Sherbet
1 TL rotes Churnam
1 TL gelbes Churnam
500 ml Wasser
1 EL Schnittlauch, fein geschnitten

Das Ghee erhitzen. Darin das Fleisch ein paar Minuten bei reduzierter Hitze von allen Seiten anbraten. Das Sherbet, die beiden Churnams und das Wasser dazugeben und weiterköcheln lassen, bis das Wasser fast verdampft ist; dabei die Keulen mehrmals wenden. Nach Geschmack salzen und mit Schnittlauch garnieren.

Geflügelspieße

500 g Hähnchen- oder Putenhackfleisch (Brustfilet)
1 Zwiebel, fein gehackt
1 EL frischer Ingwer, fein gehackt
1 Handvoll frische Kräuter
1 TL gelbes Churnam
1 TL Sherbet
3 EL Kichererbsenmehl
1 TL Ghee

Alle Zutaten in eine Schüssel geben und einige Minuten gut durchkneten und mit Salz abschmecken. Aus der Masse walnussgroße Klößchen formen, diese auf Spieße stecken und gar grillen. Zum Schluß mit Ghee bepinseln.

Tipp:
Den Backofen auf 180 Grad Umluft vorheizen. Die Klößchen auf ein mit Backpapier belegtes Blech geben und etwa 15 Minuten backen. Zum Schluss mit Ghee bepinseln.

Feurige Hähnchenkeulen

FISCH UND FLEISCH

Wichtig vor dem Essen

- Wirklich hungrig? Es ist am besten, erst dann zu essen, wenn wir wirklich hungrig sind.
- Wie ist die Atmosphäre? Angenehme Musik, Gesellschaft und Umgebung unterstützen eine gute Verdauung.
- Sitzhaltung? Gutes Sitzen während des Essens macht die Arbeit für den Magen viel leichter.
- Dankbarkeit? Ein kurzer Dank vor dem Essen bringt Ruhe und Besinnung.

Wichtig während des Essens

- Langsam? Langsam essen und darauf achten, jeden Bissen mindestens 10- bis 20-mal zu kauen.
- Essen mit allen Sinnen? Sich Zeit nehmen, um das Essen so richtig zu genießen.
- Welches Getränk? Warmes Wasser, Ingwer- oder Kreuzkümmeltee unterstützen die Verdauung.
- Wie viel essen? Unser Magen ist nur faustgroß. Zwei Handvoll Essen sind die ideale Menge für jede Mahlzeit.

Wichtig nach dem Essen

- 1000 Schritte oder ruhen? Sie haben die Wahl: 5 Minuten spazieren gehen oder 15 Minuten ruhen sind empfehlenswert. Nur keine schwere körperliche Betätigung oder gleich wieder viel Stress!

Putengulasch in Minze-Orangen-Sauce

5 Orangen, Saft
1 Handvoll frische Minzeblätter
1 EL Ghee
500 g Putenfleisch, in 2 cm große Würfel geschnitten
1 TL Sherbet
1 TL grünes Churnam
100 ml Kokosmilch
3 Radieschen, gerieben

Den Orangensaft mit der Minze im Mixer pürieren und beiseite stellen.
In einem Topf das Ghee erwärmen und darin das Fleisch ein paar Minuten anbraten. Sherbet, Churnam, die Kokosmilch und den Orangen-Minze-Saft hinzufügen und zugedeckt weiterkochen, bis das Fleisch gar ist. Abschmecken und mit den geriebenen Radieschen garnieren.

FISCH UND FLEISCH

Lammkebab

4 Tomaten, grob gewürfelt
1 EL Sherbet
1 EL rotes Churnam
2 EL Rapsöl
1 Handvoll Minze- oder Zitronenmelisseblätter
600 g Lammgulasch

Tomaten, Sherbet, Churnam, Rapsöl, Kräuter und etwas Wasser mit dem Mixstab pürieren. Das Fleisch in dieser Marinade 30 Minuten oder länger ziehen lassen. Die Fleischstücke danach auf Spieße stecken und grillen. Während des Grillens die Hälfte der Marinade aufpinseln; die andere Hälfte kurz aufkochen und als Dip verwenden.

Tipp:
Diese Marinade ist ein idealer Dip für alle Grillgerichte oder eine schnelle Sauce für Gemüse.

Lammhackbällchen

500 g Lammhackfleisch
1 Zwiebel, fein gehackt
1 EL frischer Ingwer, fein gehackt
1 Zweig frische Minze oder 1 TL getrocknete Minzeblätter
1 TL rotes Churnam
1 EL Sherbet
3 EL Kichererbsenmehl
1 TL Ghee

Den Backofen auf 180 Grad Umluft vorheizen.
Alle Zutaten in eine Schüssel geben und einige Minuten gut kneten. Mit Salz abschmecken. Aus der Masse walnussgroße Bällchen formen und auf ein Backblech mit Backpapier legen. Im Ofen etwa 15 Minuten backen. Die fertigen Bällchen mit Ghee bepinseln.

Tipp:
Die Lamhackbällchen lassen sich, auf Metallspieße gesteckt, auch gut grillen.

Lammhackbällchen

FISCH UND FLEISCH

Ein paar Tipps für die drei Doshas

Für den Vata-Typ ist es wichtig, dem Leben einen klar geregelten Rhythmus zu geben; dazu gehören regelmäßige Mahlzeiten und genügend Pausen. Gehen Sie früh genug, das heißt vor 22 Uhr ins Bett, und gönnen Sie sich mindestens acht Stunden Schlaf. Meiden Sie windige, trockene, kalte und klimatisierte Orte, denn Vata bereits ist trocken und luftig genug. Massieren Sie den Körper täglich mit warmem Sesam- oder Mandelöl ein, und nehmen Sie danach ein warmes Bad. Der Pitta-Typ sollte seine Arbeitszeit möglichst in Grenzen halten und vor allem nicht in den Nachtstunden arbeiten. Lernen Sie aufzuhören und auch einmal nein zu sagen. Acht Stunden Schlaf sind ausreichend. Meiden Sie heiß-scharfe Speisen und Getränke. Sauna, Dampfbäder, jede Form von zu viel Hitze ist nicht empfehlenswert, denn davon hat Pitta bereits ausreichend. Massieren Sie vor dem Duschen Kopf und Stirn mit etwas Kokosöl ein.
Der Kapha-Typ braucht regelmäßige Bewegung und Sport. Schlafen Sie nicht tagsüber oder nach dem Essen und nachts nicht länger als sechs Stunden. Reiben Sie sich mit Senföl ein und schwitzen Sie danach. Als Kapha-Mensch sollten Sie regelmäßig unter therapeutischer Leitung entschlacken und nach Möglichkeit und je nach Jahreszeit öfter Fasttage einlegen. Sie können gut auch einmal das Frühstück weglassen oder nur eine Grapefruit und ein Knäckebrot zu sich nehmen.

Lamm in Erdnuss-Koriandersauce

100 g ungesalzene Erdnüsse, gehackt
1 EL Koriandersamen
400 ml Wasser
2 EL Ghee
500 g Lammgulasch
1 TL Sherbet
1 EL Petersilie, gehackt

Die Erdnüsse und die Koriandersamen mit dem Wasser in einem Mixer oder mit einem Mixstab glatt pürieren. Das Ghee erhitzen und das Fleisch darin ein paar Sekunden anbraten. Nun die Hitze reduzieren. Die Erdnusssauce und das Sherbet hinzufügen und bei mittlerer Hitze etwa 10 Minuten weitergaren. Regelmäßig umrühren. Nach Bedarf noch etwas Wasser hinzugießen. Nach Geschmack salzen und mit der Petersilie garnieren.

SALATE UND SANDWICHES

Fenchel-Carpaccio

250 g Fenchelknolle, in ganz dünne Scheiben geschnitten
1 Grapefruit, Saft
1 TL frischer Ingwer, fein gehackt
2 TL Sherbet
1 TL Schnittlauch, fein geschnitten
1 Handvoll Feldsalat oder geputzter Eissalat

Alle Zutaten außer dem Feldsalat mit dem Fenchel mischen, kurz umrühren, mit Salz abschmecken und 5 Minuten stehen lassen. Danach den Feldsalat auf einem Teller anrichten und das Fenchel-Carpaccio daraufgeben.

Avocado-Croissants

4-6 Laugencroissants oder Laugenstangen
1 reife Avocado, geschält und entsteint
1 Schalotte, fein gehackt
1 TL grünes Churnam
1 EL Koriandergrün, gehackt
4 Radieschen, fein gehackt
1 EL grüner Pfeffer

Die Laugencroissants oder Laugenstangen der Länge nach aufschneiden.
Die Avocado in eine Schüssel geben und mit einer Gabel fein zerdrücken. Die restlichen Zutaten außer dem Pfeffer unter die Avocado mischen. Mit Salz abschmecken. Nun die Masse auf die halbierten Croissants streichen. Mit grünen Pfefferkörnern garnieren und die oberen Hälften der Croissants beziehungsweise Laugenstangen darauflegen.

Fenchel-Carpaccio

SALATE UND SANDWICHES

Brötchen mit pikantem Eiersalat

3 Eier, hart gekocht und geschält
50 g weiche Butter
1 TL rotes Churnam
1 rote Zwiebel, fein gehackt
1 EL Schnittlauch, gehackt
4–6 Vollkornbrötchen

Die Eier fein würfeln und zusammen mit den restlichen Zutaten in eine Schüssel geben und gut mischen. Mit Salz abschmecken und die Brötchen mit dem Eiersalat bestreichen.

Gurken-Tomaten-Raita

1 Gurke, entkernt und fein gewürfelt
2 Tomaten, fein gewürfelt
1 EL frischer Ingwer, fein gehackt
1 TL Sherbet
1 TL Ghee
2 EL Erdnüsse, in Mörser grob zerstoßen
Korianderblätter, gehackt

Die Gurken, die Tomaten, den Ingwer und das Sherbet in eine Schüssel geben. Das Ghee erhitzen und die zerstoßenen Erdnüsse darin ein paar Sekunden anbraten. Anschließend die Erdnüsse auf den Salat geben. Mit Salz abschmecken und mit dem gehackten Koriander garnieren.

Karottensalat mit Kräutern

400 g Karotten, fein gerieben
1 EL Sherbet
1 EL Erdnüsse, im Mörser fein zerstoßen
2 EL frische Kräuter der Saison, gehackt
1 EL Rapsöl

Alle Zutaten vermischen und mit Salz abschmecken.

Gurken-Tomaten-Raita

SALATE UND SANDWICHES

Karottenbutter-Sandwiches

50 g weiche Butter
1 TL Churnam
2 EL Karotten, fein gerieben
6 Scheiben Vollkornbrot oder -toast
1 Handvoll Rucola
3 Tomaten, in dünne Scheiben geschnitten
1 kleine Gurke, in dünne Scheibe geschnitten
Kräutersalz

Die Butter mit dem Churnam und den geriebenen Karotten in eine Schüssel geben und gut vermischen. Die Brotscheiben mit der Karottenbutter bestreichen und mit dem Rucola, den Tomaten- und den Gurkenscheiben belegen. Mit Kräutersalz bestreuen. Die Sandwiches in der Mitte durchschneiden und servieren.

Ciabatta mit Hähnchenbrust

1 EL Ghee oder Walnussöl
3 Hähnchenbrustfilets, fein gewürfelt
1 TL gelbes Churnam
1 TL Sherbet
50 g Steinpilze, geputzt und grob in Scheiben geschnitten
200 g saure Sahne
2 Ciabatta-Brötchen

Den Backofen auf 180 Grad Umluft Grill vorheizen.
Das Ghee oder Öl in einer Pfanne erwärmen und das Fleisch darin anbraten. Churnam, Sherbet und die Pilze dazugeben und ein paar Sekunden unter Rühren dünsten, dann mit 2 EL Wasser ablöschen. Etwas abkühlen lassen.
Die Ciabatta-Brötchen der Länge nach halbieren. Die saure Sahne unter das Hähnchenfleisch mischen und nach Geschmack salzen. Den Geflügelaufstrich auf die Ciabatta-Hälften geben. Im Ofen etwa 5 Minuten grillen.

Tipp:
Sie können natürlich auch andere Pilze verwenden. Besonders gut eignen sich Austernpilze.

REZEPTE FÜR DIE ENTSCHLACKUNG

Eine entlastende, alltagstaugliche Ernährung lässt sich in wenigen Worten beschreiben: weniger, einfacher, leichter.

Julienne-Gemüse

½ TL Ghee
1 Karotte, in lange dünne Streifen geschnitten
¼ Tasse Wasser
1 Paprika (Peperoni), in lange dünne Streifen geschnitten
1 Chicorée, in lange dünne Streifen geschnitten
½ TL Sojasauce
½ TL Sherbet
1 Handvoll frischer Oregano, gehackt
1 TL Walnussöl

Das Gemüse waschen und vorbereiten. Das Ghee in einer Pfanne erhitzen und zunächst die Karotten dazugeben. Anschließend das Wasser dazugießen und 3–4 Minuten kochen. Nun Paprika, Chicorée, Sojasauce, Sherbet und Oregano hinzufügen. Bei mittlerer Hitze noch etwa 2–3 Minuten weiterköcheln lassen. Nach Geschmack salzen und vor dem Servieren mit Walnussöl aromatisieren.

Gemüsesuppe

600 ml Wasser
250 g Gemüse der Saison, in Würfel geschnitten (z.B. Karotten, Zucchini, Paprika, Fenchel, Staudensellerie)
1 Kartoffel, geschält und gewürfelt
1 TL frischer Ingwer, gehackt
100 ml Reis- oder Sojamilch
1 EL gehackte Walnüsse
1 TL Schnittlauch, gehackt

Das Wasser zum Kochen bringen. Alle Gemüse hineingeben und halb abgedeckt gar kochen. Ingwer und Reis- oder Sojamilch hinzufügen und weitere 5 Minuten köcheln. Im Mixer oder mit dem Mixstab pürieren. Mit Salz abschmecken und mit Nüssen und Schnittlauch garnieren.

REZEPTE FÜR DIE ENTSCHLACKUNG

Sellerie-Dinkel-Suppe

3 EL Dinkelkörner
250 ml lauwarmes Wasser
750 ml Sojamilch
1 Kartoffel, geschält und gewürfelt
1 kleine Sellerieknolle, geschält und gewürfelt
½ TL frischer Ingwer, gehackt
1 TL Sherbet
½ TL frischer Oregano

Die Dinkelkörner im lauwarmen Wasser 30 Minuten einweichen und dann 20–30 Minuten kochen, bis die Körner weich sind. Die Sojamilch erwärmen. Die Kartoffel- und die Selleriewürfel mit Ingwer und Sherbet halb zugedeckt in der Milch kochen, bis das Gemüse gar ist. Die Dinkelkörner mit dem Gemüse mit einem Mixstab oder im Mixer gut pürieren. Nach Geschmack salzen und mit Oregano garnieren.

Zucchini-Gurken-Suppe

600 ml Wasser
½ mittelgroße Gurke, grob gewürfelt
½ mittelgroße Zucchini, grob gewürfelt
1 TL Sherbet
1 EL Grieß
2 EL Sojacreme
1 EL Sesam natur
1 EL Petersilie, gehackt

Das Wasser zum Kochen bringen. Gemüse und Sherbet dazugeben und abgedeckt 10 Minuten kochen. Den Grieß einrühren und die Mischung mit dem Mixstab oder im Mixer pürieren und etwas quellen lassen. Nun die Sojacreme dazugeben, mit Salz abschmecken und nochmals kurz aufkochen. Mit Sesam und Petersilie garnieren.

Rote-Bete-Relish

250 g Rote Bete (Rande), gekocht, geschält und klein gewürfelt
1 Apfel, gerieben
1 TL Sherbet
1 EL Walnussöl
1 Handvoll Korianderblätter, grob gehackt

Die Rote Bete mit dem geriebenen Apfel, Sherbet und Walnussöl mischen. 10 Minuten ziehen lassen, nach Geschmack salzen und mit Koriandergrün garnieren.

Geräucherter Tofu mit Zucchini

1 TL Olivenöl
50 g gemahlene Mandeln
1 TL Sherbet
1 TL grünes Churnam
500 ml Wasser
1 mittelgroße Zucchini, klein gewürfelt
100 g geräucherter Tofu, klein gewürfelt
100 ml Sojamilch
1 TL frischer Ingwer, klein geschnitten

Das Öl erwärmen und die gemahlenen Mandeln darin 1 Minute anbraten. Sherbet, Churnam und Wasser dazugeben und kurz aufkochen. Die Zucchini zusammen mit dem Tofu und der Sojamilch hinzufügen und nochmals abgedeckt aufkochen. Nach Geschmack salzen und mit Ingwer garnieren.

Gemüse-Pilaf

100 g Basmatireis
2 TL Ghee oder Rapsöl
100 g gemischtes Gemüse, klein gewürfelt
500 ml Wasser
½ TL gehackter Ingwer
1 TL Tridosha-Currymischung
2 EL geröstete Cashewnüsse, grob gehackt

Den Reis in kaltem Wasser waschen, anschließend 10 Minuten einweichen und abtropfen lassen. Das Ghee oder Öl in einem beschichteten Topf erhitzen und den Reis etwa 1 Minute darin rösten. Nun das Gemüse hinzufügen und weitere 2 Minuten braten. Wasser, Ingwer und Curry dazugeben und auf mittlerer Hitze zugedeckt etwa 5–7 Minuten kochen, bis der Reis das gesamte Wasser aufgesogen hat. Mit Salz abschmecken und die Cashewnüsse darunterheben.

Gebackene Apfelringe mit Honigquark

2 EL Maisgrieß (Polenta)
100 ml Reis- oder Sojamilch
1 EL braunen Zucker
½ TL Zimt
2 Äpfel, entkernt und in dicke Scheiben geschnitten
200 g Magerquark
1 EL Honig
1 EL Wasser
2 EL Rosinen

Den Backofen auf 200 Grad Umluft vorheizen.
Den Maisgrieß mit Milch, Zucker und Zimt verrühren. Die Hälfte der Apfelscheiben in eine feuerfeste Form legen. Die Polenta gleichmäßig über alle Apfelscheiben verteilen und mit den restlichen Äpfeln belegen. 2 EL Wasser darüberträufeln. Die Backform mit Alufolie abdecken und im heißen Ofen 15 Minuten garen.
In der Zwischenzeit den Quark mit Honig und Wasser glatt rühren. Mit Rosinen garniert zum Obst servieren.

Kräuter-Oliven-Dip

1 Tasse frische Kräuter, gewaschen und grob gehackt
10 grüne Oliven, entsteint und gehackt
2 EL Walnüsse, gehackt
1 TL Sherbet
1 TL grünes Churnam
200 ml Wasser

Alle Zutaten in den Mixer geben. Das Wasser nach und nach dazugießen und die Mischung pürieren bis sie eine geschmeidige Konsistenz hat. Schließlich mit Salz abschmecken.

Fenchelsalat

250 g Fenchel, hauchdünn geschnitten
1 EL Olivenöl
1 EL Sherbet
5 getrocknete Tomaten, klein geschnitten
2 EL frische Kräuter, fein gehackt

Die Fenchelscheiben zusammen mit dem Olivenöl, dem Sherbet, den Tomaten und etwas Salz mischen. 10 Minuten ziehen lassen. Mit Salz abschmecken und mit den frischen Kräutern garnieren.

NACHSPEISEN

Im Ayurveda schätzt man Nachspeisen. Sie werden hier ein paar leckere Köstlichkeiten finden. Vata darf regelmäßig die doppelte Portion verdrücken, Pitta bekommt eine normale Portion und Kapha eine halbe – aber nur ab und zu.

Shrikhand
Exotische Quarkspeise

500 g Magerquark
100 g Honig bzw. brauner Zucker
200 g Mangopüree
100 g Schlagsahne (Rahm)
200 g Früchte der Saison, klein geschnitten
2 EL Mandeln, gehackt
2 EL Mandelblättchen, geröstet
ein paar Tropfen Rosenwasser
1 Prise Kardamom

Den Quark mit Honig oder Zucker cremig rühren. Anschließend das Mangopüree und die Sahne darunterheben. Nun das Obst, die gehackten Mandeln, Rosenwasser und Kardamom dazugeben und alles gut vermischen. Mit den gerösteten Mandelblättchen garnieren.

Aprikosenkonfekt

200 g getrocknete Aprikosen, gewürfelt
1 Orange, abgeriebene Schale und Saft
100 g Marzipan, gehackt
100 g Kokosflocken

Die Aprikosen und Orangensaft im Mixer pürieren. Mit dem Marzipan und der Orangenschale verkneten. Aus der Masse eine Rolle mit 4 Zentimeter Durchmesser formen, diese in Kokosflocken wälzen und etwa 10 Minuten kalt stellen. Von der Rolle 2 Zentimeter dicke Taler abschneiden.

Ingwerbällchen

2 EL frischer Ingwer, fein gehackt
200 g Marzipan, gehackt
1 TL abgeriebene Zitronenschale
100 g Mandeln, gemahlen

Den Ingwer mit Marzipan und Zitronenschale verkneten. Aus der Masse kleine Bällchen formen und diese in den gemahlenen Mandeln wälzen.

Karotten-Süßspeise

2 TL Ghee
150 g Karotten, gerieben
50 ml Kokosmilch
100 ml Wasser
2 EL brauner Zucker
2 EL Kokosflocken
¼ TL Kardamom, gemahlen
1 EL Mandelblättchen, geröstet

In einer beschichteten Pfanne 1 TL Ghee erhitzen. Karotten, Kokosmilch, Wasser und Zucker dazugeben. Bei kleiner Hitze 10 Minuten kochen lassen. Dann die Kokosflocken und den Kardamom darunterrühren. Weitere 5 Minuten kochen. Mit dem restlichen Ghee abschmecken und mit Mandelblättchen garniert servieren.
Die Karotten-Süßspeise können Sie warm oder kühl genießen, je nach Konstitution oder Klima.

Himbeermousse

100 g Himbeeren
1 Apfel, gerieben
100 g Magerquark
1 EL Honig
1 TL Zitronensaft
100 ml saure Sahne
einige Zitronenmelisseblätter

Die Himbeeren, den Apfel und den Quark mit Honig und Zitronensaft im Mixer pürieren. Die saure Sahne daruntermischen. 5 Minuten ins Gefrierfach stellen, dann herausnehmen und nochmals umrühren. Mit den Zitronenmelisseblättern garnieren und bei Zimmertemperatur servieren.

Apfelcreme

110 ml Wasser
1 EL brauner Zucker
2 Äpfel (Cox Orange oder Golden Delicious), geschält und klein gewürfelt
1 Prise Zimt
1 EL Kokosflocken, geröstet
1 EL Mandelblättchen, geröstet

Das Wasser mit dem Zucker verrühren und erhitzen. Die Hälfte der Apfelwürfelchen im Zuckerwasser weich kochen. Anschließend pürieren und abkühlen lassen. Die restlichen Apfelwürfelchen mit dem Zimt und den gerösteten Kokosflocken in das Apfelpüree rühren. Mit den Mandelplättchen garniert servieren.

NACHSPEISEN

Vollkornplätzchen

1 EL Ghee
2 EL brauner Zucker
100 g Dinkel-Vollkornmehl
10 geschälte Mandeln, halbiert

Den Backofen auf 150 Grad Umluft vorheizen.
Das Ghee und den Zucker mit einem Schneebesen 2 Minuten verrühren. Das Mehl langsam dazugeben. Wenn die Masse zu fest wird, ein paar Tropfen Wasser daruntermischen. Den Teig mit einem Tuch bedeckt 5 Minuten ruhen lassen. Anschließend nochmals durchkneten, ausrollen und flache, runde Plätzchen ausstechen. In die Plätzchenmitte jeweils eine halbe Mandel legen und etwas andrücken.
Die Plätzchen auf ein mit Backpapier belegtes Blech geben und auf der mittleren Schiene des Backofens in 15 Minuten leicht braun backen. Anschließend abkühlen lassen.

Tipp:
Die Kekse schmecken besonders gut mit Schlagrahm!

Gedünstete Birnenringe

2 Birnen, entkernt und in dünne Ringe geschnitten
1 EL Ahornsirup
1 TL Zitronensaft
1 TL Ghee
½ TL brauner Zucker
2 Prisen Zimtpulver
2 Prisen Nelkenpulver
1 EL Mandelblättchen, geröstet

Die Birnenringe mit dem Ahornsirup und dem Zitronensaft beträufeln.
Das Ghee erhitzen und darin den Zucker karamellisieren. Die Birnenringe dazugeben und ein paar Sekunden dünsten. Nun das Zimt- und Nelkenpulver vorsichtig einrühren. Mit den Mandelblättchen garniert genießen.

FRÜHSTÜCKSGERICHTE

Es ist eine ganz persönliche Angelegenheit, ob man Frühstück mag oder nicht. Die meisten Rezepte haben erwärmende Eigenschaften: Sie wirken beruhigend auf Vata und Kapha, harmonisieren aber auch Pitta.

Upma

1 EL Ghee
100 g Maisgrieß (Polenta) oder Dinkelgrieß
300 ml kochendes Wasser
1 Karotte
1 Paprika (Peperoni), fein gewürfelt
2 EL Kokosflocken
1 TL Sherbet
1 TL gelbes Churnam
1 EL frische Kräuter, fein gehackt

Das Ghee erwärmen, den Mais- oder Dinkelgrieß dazugeben und 1 Minute leicht anrösten. Nun das Wasser und die restlichen Zutaten – außer den Kräutern – hinzufügen. Etwa 2 Minuten unter ständigem Rühren garen. Salzen und mit den frischen Kräutern garnieren.
Upma kann – je nach Konstitution – dick- oder dünnflüssig zubereitet werden!

Mandelmus

100 ganze Mandeln
250 ml Wasser
1 EL brauner Zucker
¼ TL Zimt

Die Mandeln trocken anrösten und abkühlen lassen. Das Wasser, Zucker und Zimt hinzufügen und im Mixer fein pürieren. Warm servieren.

Pikante Reisflocken

100 g Reisflocken
1 EL Ghee
1 Zucchini, fein gewürfelt
1 Zwiebel, klein gehackt
½ TL Tridosha-Curry
½ TL Sherbet
1 EL Kokosflocken
1 EL frische Korianderblätter, gehackt

Die Reisflocken in ein Sieb geben und unter lauwarmem Wasser ein paar Sekunden abspülen. Beiseite stellen.
Das Ghee erhitzen und darin Zucchini und Zwiebel 1 Minute anbraten. Tridosha-Curry, Sherbet und Kokosflocken dazugeben. Kurz umrühren und zum Schluss die Reisflocken mit 2 Esslöffeln Wasser hinzufügen. Leicht umrühren und kurz aufkochen.
Nach Geschmack salzen und mit Koriander garnieren.

Tipp:
Statt Reisflocken können Sie auch Dinkel- oder Roggenflocken verwenden. Statt Zucchini sind auch andere Gemüsesorten denkbar.

FRÜHSTÜCKSGERICHTE

Dinkel-Porridge

2 TL Ghee
100 g Dinkelflocken
500 ml Sojamilch
½ TL Kardamom, gemahlen
1 EL Ahornsirup

Bei kleiner Hitze 1 TL Ghee erwärmen und die Flocken darin 1 Minute leicht rösten. Langsam die Milch einrühren und mit Kardamom würzen. Kurz umrühren bis eine geschmeidige Masse entsteht und bei kleiner Hitze etwa 2 Minuten weich kochen. Vom Herd nehmen und den Ahornsirup darunterrühren. Warm servieren.

Süße Polenta

½ Tasse Maisgrieß (Polenta)
1 TL Ghee
1 Tasse Wasser-Sahne-Mischung (1:1)
1 EL braunen Zucker
¼ TL Kardamom, gemahlen
1 EL Mandeln, gehackt

Den Maisgrieß einige Minuten lang vorsichtig in einer Pfanne anrösten; anschließend die Pfanne zur Seite stellen.
Das Ghee in einer zweiten Pfanne erhitzen, den gerösteten Maisgrieß dazugeben und im Ghee kurz andünsten. Die Wasser-Sahne-Mischung und den Zucker mit dem Rührbesen darunterrühren. Die Polenta unter weiterem Rühren zum Kochen bringen. Abdecken und bei ausgeschaltetem Herd 2 Minuten quellen lassen. Anschließend den Kardamom und die Mandeln darunterrühren und warm auf den Tisch bringen.

Geschmortes Obst

200 g gemischtes Trockenobst
je ¼ TL Ingwer-, Zimt- und Nelkenpulver

Das Trockenobst waschen und 2 Minuten in 500 ml lauwarmem Wasser einweichen. Zusammen mit den Gewürzen bei mittlerer Hitze etwa 10 Minuten kochen.

Tipp:
Das Gericht hat eine wärmende Wirkung. Deshalb ist es ein ideales Frühstück für die kalte Jahreszeit.

KLASSISCH INDISCH-AYURVEDISCHE SPEISEN

Die folgenden Gewürze werden in der klassisch ayurvedischen Küche am häufigsten verwendet; es gibt sie in Bio- oder Asialäden: Anis, Bockshornkleeblätter und -samen, Chili, Curryblätter, Fenchelsamen, Gewürznelken, Ingwer, Kardamom, Koriandersamen, Kreuzkümmel, Kümmel, Kurkuma, Knoblauch, Muskatnuss, Pfefferkörner, Senfkörner, Zimt.

Das Anrösten von Gewürzen
Das Anrösten von ganzen Gewürzen ist das A und O im Ayurveda; dadurch werden die ätherischen Öle freigesetzt. So gehen Sie richtig vor:

1. Ghee oder Öl in einem Topf stark erhitzen.
2. Die ganzen Gewürze unter Rühren hineingeben. Sofort die Hitze reduzieren und warten bis die Gewürze platzen – dies dauert nur wenige Sekunden. Legen Sie einen Spritzschutz oder Deckel auf den Topf.
3. Je nach Rezept nun Zwiebeln, Ingwer, Knoblauch etc. hinzufügen und unter Rühren andünsten. Den weiteren Rezeptangaben folgen.

Gemahlene Gewürze werden vorab nicht angeröstet, sondern erst später zum Gericht gegeben.

KLASSISCH INDISCH-AYURVEDISCHE SPEISEN

Puri
Frittiertes Fladenbrot

200 g Weizenschrotmehl
½ TL Salz
2 EL Öl
90 ml warmes Wasser
500 ml Öl zum Frittieren

Mehl, Salz und Öl gut vermischen. Das warme Wasser dazugeben, sodass ein sehr fester Teig entsteht. Den Teig etwa 10 Minuten auf einer mit Mehl bestäubten Arbeitsfläche kneten, bis er weich, elastisch und glatt ist. Anschließend weitere 10 Minuten ruhen lassen.
Den Teig auf einer bemehlten Fläche nicht zu dünn ausrollen (ca. 3 mm) und mit einem Glas kleine Fladen ausstechen. Die Teigfladen nicht aufeinanderlegen, weil sie sonst festkleben.
Das Frittieröl in einem Topf stark erhitzen, ein Puri hineingeben und mit der Schaumkelle in der Mitte eindrücken, damit der Teig aufgeht. Schnell wenden und die andere Seite einige Sekunden frittieren. Auf Küchenpapier abtropfen lassen und warm servieren.

Papadams

Papadams sind unterschiedlich gewürzte, dünne Linsenfladen, die getrocknet in Packungen erhältlich sind. Backen Sie immer nur ein Papadam drei oder vier Sekunden schwimmend in heißem Öl aus. Beim Ausbacken bläht sich das Papadam auf und wird goldgelb. Lassen Sie es anschließend auf Küchenkrepp gut abtropfen. Papadams schmecken am besten frisch. Man kann sie aber auch abkühlen lassen und in einer luftdicht verschlossenen Dose aufheben, um sie erst nach einigen Stunden zu servieren.

Tipp:
Für die fettarme Version rösten Sie die Papadams höchstens 20 Sekunden auf der oberen Schiene des Backofens bei 250 Grad Umluft. Papadams sind sehr gut für Kapha!

KLASSISCH INDISCH-AYURVEDISCHE SPEISEN

Dal Maharani
Linsengericht

150 g gelbe Linsen (geschälte, halbierte Mungbohnen)
½ l Wasser
½ TL Kurkuma
½ TL Asafoetida
1 EL frischer Ingwer, gehackt
2 TL Ghee
1 TL gemahlener Kreuzkümmel
1 TL Koriander
2 EL Kokosflocken
2 EL Öl
1 TL Senfkörner
1 TL Kreuzkümmelsamen
1 kleine Zwiebel (nach Wahl), fein gehackt
6 Curryblätter
1 EL Jaggery (Rohrzucker aus dem Asialaden)
2 Knoblauchzehen (nach Wahl), fein gehackt
2 Tomaten, klein geschnitten
1 EL Zitronensaft
1 Chilischote, fein gehackt
1 EL frische Koriander- oder Petersilienblätter, fein gehackt

Die gelben Linsen sehr gut waschen und 30 Minuten in ½ l Wasser einweichen. Das Wasser abgießen. Nun ½ l Wasser zum Kochen bringen. Die Linsen mit Kurkuma, Asafoetida, Ingwer und der Hälfte des Ghees dazugeben und bei geringer Hitze etwa 20 Minuten kochen lassen. Anschließend den gemahlenen Kreuzkümmel, den Koriander und die Kokosflocken daruntermischen.

Das Öl in einer Pfanne erhitzen, die Senfkörner und die Kreuzkümmelsamen anbraten, bis sie platzen. Zwiebel und Knoblauch (falls verwendet), Curryblätter, Jaggery sowie die Tomaten dazugeben und kurz braten. Zusammen mit Zitronensaft und Chilischote unter die gekochten Linsen geben und weitere 5 Minuten köcheln lassen. Das restliche Ghee daruntermischen und mit Salz abschmecken. Das Gericht mit Koriander- oder Petersilienblättern garnieren und heiß servieren.

KLASSISCH INDISCH-AYURVEDISCHE SPEISEN

Tandoori Murg
Gegrilltes Tandoori-Huhn

500 g Hähnchen-Brustfilet,
jedes Filet in 4–6 Stücke geschnitten
500 g Joghurt
250 ml Wasser
1 EL Tandoori Masala
½ TL Salz
½ TL gemahlener Ingwer
1 Knoblauchzehe, klein gehackt
¼ TL Kurkuma
¼ TL brauner Zucker
¼ TL Bockshornkleeblätter
¼ TL Chilipulver
1 EL Zitronensaft

Die Hähnchenfiletstücke in eine Schüssel legen. Das Joghurt mit dem Wasser und allen Gewürzen verrühren, Dreiviertel der Joghurtmischung über das Fleisch geben und mit diesem gut vermischen.
1 Stunde marinieren lassen.
Den Backofen auf 180 Grad Umluft vorheizen.
Die marinierten Hähnchenfiletstücke auf einem Backblech oder in einer Kasserolle nebeneinander auslegen, die restliche Joghurtsauce darübergeben und etwa 30 Minuten auf der mittleren Schiene garen. Zum Schluss mit der Grillfunktion auf der obersten Schiene weitere 2–3 Minuten grillen.

Masalareis
Gewürzreis

2 l Wasser
200 g Basmatireis
4 Kardamomsamen
1 TL Salz
1 EL Ghee

Das Wasser zum Kochen bringen. Den Reis waschen und mit dem Kardamom ins kochende Wasser geben. Bei mittlerer Hitze etwa 10 Minuten kochen. Nach 6 Minuten das Salz hinzufügen. Den fertigen Reis in einem Sieb abtropfen lassen. Mit etwas kaltem Wasser auflockern und zum Schluss 1 Esslöffel Ghee daruntermischen.

Raita
Gurkensalat

1 Gurke, fein gewürfelt
100 g Joghurt, Quark oder Schmand
1 TL frischer Ingwer, klein gehackt
½ TL Kreuzkümmel, gemahlen
1 EL Mandeln, gehackt
1 TL Petersilien- oder Korianderblätter, fein gehackt

Das Joghurt, den Quark oder Schmand cremig rühren und die Gewürze bis auf die Kräuter hinzufügen. Die Gurkenwürfelchen darunterheben, mit Salz abschmecken und mit Petersilien- oder Korianderblättern garnieren.

KLASSISCH INDISCH-AYURVEDISCHE SPEISEN

Apfelchutney

1 EL Rapsöl
½ TL Bockshornkleeblätter
½ TL Koriandersamen
1 mürber säuerlicher Apfel (Cox Orange, Boskop), grob püriert
½ TL Zimt
½ TL Kurkuma
½ TL Chilipulver

Das Öl erwärmen. Die Bockshornkleeblätter und die Koriandersamen hinzufügen und ein paar Sekunden anbraten. Wenn die Gewürze gut geröstet sind, das Apfelpüree sowie die restlichen Gewürze darunterrühren. Kurz weiterschmoren. Zum Schluss mit etwas Salz abschmecken.

Pakoras

Gemischtes Gemüse, frittiert in Kichererbsenteig

¼ Blumenkohl, fein gehackt
2 Karotten, fein gehackt
1 Aubergine, fein gewürfelt
1 Zwiebel, fein gehackt
3 cm frischer Ingwer, klein gehackt
1 Paprika (Peperoni), fein gewürfelt
1 frische grüne Chilischote, klein gehackt (nach Wahl scharf)
1 TL Tridosha-Currymischung
1 TL Fenchelsamen
1 TL Kurkuma
1 TL frische Petersilie oder frischer Koriander, fein gehackt
250 g Kichererbsenmehl
500 ml Sonnenblumenöl fürs Frittieren

Das Gemüse mit allen Gewürzen und etwas Salz vermischen. Das Kichererbsenmehl dazugeben und mit 2 EL Wasser zu einer festen Masse verarbeiten. Der Teig soll zäh, aber nicht flüssig sein. Mit Salz abschmecken.
In der Zwischenzeit das Öl sehr heiß werden lassen. Nun mit einem Löffel jeweils eine kleine Menge der Mischung aufnehmen und in das heiße Öl geben. Goldbraun frittieren und dabei 2- bis 3-mal wenden. Die Stücke sollten klein genug sein, damit sie gut knusprig werden.

Tipp:
Servieren Sie die Pakoras mit Apfelchutney. Zusammen mit Chai oder Lassi sind die Pakoras eine wunderbare Vorspeise oder ein Nachmittagssnack.

KLASSISCH INDISCH-AYURVEDISCHE SPEISEN

Navratna Korma
Gemischtes Gemüse in Curry

2 TL Ghee
½ TL Kreuzkümmel
½ TL Senfkörner
½ TL Ajwain
½ Zwiebel, klein geschnitten
100 ml Kokosmilch
4 Karotten, in Würfel geschnitten
6 Curryblätter
1 TL frischer Ingwer, klein gehackt
1 Msp. Asafoetida
½ TL Kurkuma
½ TL Fenchelsamen, im Mörser zerstoßen
2 EL Tridosha-Curry
½ Blumenkohl, in kleine Röschen zerteilt
1 Zucchini, in Würfel geschnitten
1 Tasse Wasser
2 mittelgroße grüne oder rote Paprika (Peperoni), in Würfel geschnitten
1 Tomate, in Würfel geschnitten
1 EL Zitronensaft
Chilischote (Schärfe nach Wahl), gehackt
1 EL frische Koriander- oder Petersilienblätter, fein gehackt

Das Ghee stark erhitzen. Kreuzkümmel, Senfkörner und Ajwain dazugeben, die Hitze reduzieren und die Gewürze anrösten, bis sie platzen. Dann die klein geschnittene Zwiebel 2–3 Minuten mitdünsten. Anschließend die Kokosmilch angießen und nun als erstes Gemüse die Karotten dazugeben. Anschließend folgen die Curryblätter, der Ingwer, Asafoetida, Kurkuma und die zerstoßenen Fenchelsamen. Das Gemüse 5 Minuten kochen lassen.
Nun das Tridosha-Curry darunterrühren. Dann Blumenkohl, Zucchiniwürfel und die Tasse Wasser dazugeben. Das Gemüse einige Minuten dünsten. Zum Schluss die Paprika- und Tomatenwürfel sowie den Zitronensaft und die gehackte Chilischote hinzufügen und mit Salz abschmecken. Mit Koriander- oder Petersilienblättern garnieren und heiß servieren.

Tipp:
Der lateinische Name des Gewürzes Ajwain lautet Trachyspermum Ammi. Im deutschen Sprachraum ist die Pflanze unter der Bezeichnung wilder Sellerie oder Königskümmel bekannt. Die Samen, der in Kleinasien heimischen Pflanze, werden im Ayurveda bei Rheuma, Krämpfen, nervösen Störungen, Blähungen und Verdauungsbeschwerden eingesetzt. Nach ayurvedischer Lehre löst Ajwain tiefsitzendes Ama (Schlacken), beruhigt Vata und vitalisiert Prana (Lebensenergie). Der an Thymian erinnernde Geschmack verträgt sich gut mit Ingwer und macht Gemüse, Kartoffeln, Brot und Hülsenfrüchte leichter verdaulich. Ajwain ist in jedem Asialaden erhältlich. Das Rezept oben können Sie aber auch ohne Ajwain zubereiten.

Adressen

Ayurveda-Versandhandel

Laxmi Foods & Versandhandel
Nicky Sitaram Sabnis
Hochriesstraße 4, D-83253 Rimsting
Telefon +49 (0)8051 309551
Fax +49 (0)8051 309553
gabnic.laxmi@t-online.de
www.laxmifoods.de

Aashwamedh Ayurvedische Produkte
Gayatri Puranik
Hardtstraße 42, D-69124 Heidelberg
aaswamedh@t-online.de

Ayurveda-Beratung und -Behandlungen

International Academy of Ayurveda
Prof. Dr. Subhash Ranade,
Prof. Dr. Avinash Lele
Pune, Indien
www.ayurved-int.com

B'Ayurveda
Centrum für Indische Kultur und
Entschlackung nach Ayurveda
Nicky Sitaram Sabnis
Seeplatz 4, D-83257 Gstadt a. Chiemsee
www.b-ayurveda.de

Ayurvedahaus Annapurna
Gabriele Kühn-Sabnis
Dorfstraße 23, D-83229 Sachrang
Telefon +49 (0)8057 904799
www.ayurveda-hausannapurna.de

Ayurveda-Naturheilpraxis
HP Ursula Zobel
Seeplatz 4, D-83257 Gstadt a. Chiemsee
Telefon +49 (0)8054 908184
www.ayurveda-und-heilkunst.de

Aruna Centrum für Authentisches Ayurveda
Dr. Aruna Bhandara
Reithof 1, D-83075 Bad Feilnbach
www.aruna-ayurveda.de

Habichtswald-Klinik
Wigandstraße 1, D-34131 Kassel
Telefon +49 (0)561 310899

Dr. K. Gramminger
In den Forstwiesen 27, D-56745 Bell

RoSana GmbH
Kunstmühlstraße 25, D-83026 Rosenheim
www.rosana.de

Dr. G.Dandekar und Dr. M. Dixit
Halbinselstraße 43, D-88142 Wasserburg
(Bodensee)

Praxis für Naturheilkunde
HP Dorothea Schwierskott
Zillibillerstraße 37,
D-83229 Aschau i. Chiemgau
Telefon +49 (0)8052 954302
www.naturheilpraxis-schwierskott.de

Reinhart Schacker
Ayurvedische Gesundheits- und
Ernährungsberatung
Weckaufstraße 20, A-6330 Kufstein

Dr. Ashish Bhalla, Ayurveda-Arzt
Pollheimerstraße 2/3, A-4600 Wels
Telefon +43 (0)7242 216 321
www.yourdosha.at

Ayurveda-Praxis Dr. Hans H. Rhyner
Bergstraße 8, CH-9100 Hersiau
Telefon +41 (0)71 350 16 60

Danksagung

Meiner Frau Gabriele Kühn-Sabnis danke ich für ihre Liebe und moralische Unterstützung. Danke auch an Anjee (Dorothea Schwierskott) für die tatkräftige Hilfe bei der deutschen Bearbeitung des Manuskripts. Mein Dank gilt darüber hinaus Renate Müller, Andreas Hollard, Silvia Opletal und denjenigen meiner Schüler, die viele Rezepte probeweise gekocht haben.

Meinen aufrichtigen Dank an Urs Hunziker, Ulrike Schmid, Sabine Mader, Heidrun Schoppelrey, Ursula-Maria Dorfer, Wolfgang Schmidtkunz, Christa Summerer und Team, Karin Kiefhaber, Irene Thönnessen, Sepp Rappl, Sepp Giessibl, Miriam Nebusova, Rainer Puchstein, Mike John Turner, Amtita und Norbert Blanke.

Von Herzen danke ich meiner wunderbaren Familie, insbesondere meiner Mutter (Aie) und meiner wiedergefundenen Tochter Laxmi (Kuku).

Den Mitgliedern meiner Kloster-Frauenchiemsee-Familie sowie den vielen lieben Gästen und Freunden, die die Küche in der Abtei Frauenwörth mit uns teilen, möchte ich meine tief empfundene Anerkennung aussprechen.

Schließlich danke ich meinem Freund Gundumama (Lenz) für seine Freundschaft und Großherzigkeit, die meinen Geist und meine Seele nähren. Ganz besonders dankbar bin ich Heli (Helena Suchanovska), der besten Küchenkönigin und Assistentin aller Zeiten.

Nicky Sitaram Sabnis
geboren 1959 in Kanpur/Indien, Hotelfachmann und Ayurvedakoch, leitet seit 1998 die Ayurveda-Seminarküche in der Abtei Frauenwörth auf der Fraueninsel im Chiemsee, wo er auch regelmäßig Wochenend-Kochkurse über ayurvedische Ernährung und im Sommer die beliebten Kinderkochcamps anbietet. Er ist Gründer des B'Ayurveda Centrums für Ayurveda, Yoga und Indische Kultur sowie des Laxmi-Ayurveda-Instituts für Aus- und Weiterbildung in Gstadt am Chiemsee. Seine Ayurvedaküche wurde bereits mehrmals in großen Zeitschriften wie »Brigitte«, »Yoga aktuell«, »Frankfurter Rundschau« sowie im deutschsprachigen Fernsehen vorgestellt.

www.laxmifoods.de

Sabine Mader und Ulrike Schmid
Die Fotografinnen Sabine Mader und Ulrike Schmid arbeiten seit Jahren als erfolgreiches kreatives Team zusammen und führen gemeinsam das Fotostudio »Fotos mit Geschmack« in Alling, Oberbayern. Sie arbeiten für renommierte Agenturen und Verlage, ihre Kochbücher wurden mehrfach ausgezeichnet.

www.fotos-mitgeschmack.de

Rezeptverzeichnis

Suppen
Gemüsesuppe 106
Karotten-Tomaten-Suppe 40
Lauchkartoffel-Ingwer-Suppe 36
Sellerie-Dinkel-Suppe 107
Spinatcremesuppe 38
Zucchini-Gurken-Suppe 107
Zucchinisuppe 37
Zwiebel-Tofu-Suppe 37

Salate und Sandwiches
Avocado-Croissants 100
Brötchen mit pikantem Eiersalat 102
Ciabatta mit Hähnchenbrust 104
Fenchel-Carpaccio 100
Fenchelsalat 109
Gurken-Tomaten-Raita 102
Julienne-Gemüse 106
Karottenbutter-Sandwiches 104
Karottensalat mit Kräutern 102
Raita 121
Tomatensalat 78

Pasta, Getreide, Hülsenfrüchte, Gemüsegerichte
Auberginen, gebraten 60
Bolognese, Soja- 83
Bratkartoffeln, würzige 79
Bulgur Kichadi 52
Carbonara-Sauce 82
Couscous-Eintopf 75
Dal Maharani 120
Fettuccine mit Mango in Kokosmilch 44
Gemüse in Kokosmilch 68
Gemüseburger 86
Gemüse-Curry 72
Gemüse-Hirse-Burger 50
Gemüse-Pilaf 108
Gemüsepolenta 58
Gemüsereis 56
Gemüserisotto 82
Gemüsespieße 63
Glasnudeln mit Gemüse 42
Karotten in Sesamsauce 78
Kartoffel-Gemüse-Gratin 70
Kartoffelgulasch 79
Kartoffelklößchen in
 Kokos-Meerrettich-Sauce 68
Kartoffeln in pikanter grüner Sauce 64
Kartoffeln, mit Pfifferlingen gefüllt 72
Kartoffelpuffer 84
Kartoffelspieße 62
Kichererbsen-Kartoffel-Curry 54
Kichererbsenmus 56
Kohlrabi-Kokos-Schnitzel 66
Kräuter-Sellerie 70
Makkaroni mit würziger
 Rote-Linsen-Sauce 48
Masalareis 121
Navratna Korma 123
Nudeln mit Austernpilzen
 und Safransauce 48
Pakoras 118
Papadams 122
Paprika mit geräuchertem Tofu 63
Puri 119
Ravioli 80
Sellerie-Auberginen-Tofu-Sandwich 60
Sellerie-Pommes 83
Spaghetti mit Gemüse 42

Spätzle, Kichererbsenmehl- 50
Süßkartoffel-Apfel-Eintopf 66
Tofu, geräuchert, mit Zucchini 108
Tomaten-Oliven-Reispfanne 77
Zucchini mit Kräuterquark
    und Grapefruit 78
Zucchini und Paprika in würziger
      Erdnusssauce 64
Zucchini, gefüllt 62

Fisch und Fleisch
Fisch auf indische Art 91
Gambas vom Grill 91
Garnelen-Fenchel-Pilaf 90
Geflügelspieße 92
Hähnchenkeulen, feurige 92
Kabeljau-Curry 88
Lachs in Minze-Kokos-Sauce 88
Lamm in Erdnuss-Koriandersauce 98
Lammhackbällchen 96
Lammkebab 96
Pasta mit Riesencrevetten
    in Curryrahmsauce 46
Putengulasch in Minze-Orangen-Sauce 94
Reisnudeln mit Hähnchenbrustfilet
    aus dem Wok 44
Rotbarschklößchen 90
Tandoori Murg 121
Zanderfilets in Kräuter-Kokos-Sauce 77

Nachspeisen und Konfekt
Apfelcreme 112
Apfelkompott 84
Apfelringe, gebacken, mit Honigquark 109
Aprikosencreme 75
Aprikosenkonfekt 110
Birnenringe, gedünstet 114
Himbeermousse 112
Ingwerbällchen 110
Karotten-Süßspeise 112
Polenta-Konfekt 74
Sesam-Konfekt 74
Shrikhand 110
Vollkornplätzchen 114

Getränke und Frühstücksgerichte
Aperitif aus geschmortem Obst 32
Chai 32
Dinkel-Porridge 116
Entschlackungsdrink 34
Gewürz-Apfel-Tee 30
Indischer Tee (Chai) 32
Ingwerwasser 34
Lassi (Joghurtgetränk) 32
Magenöffner 28
Mandelmus 115
Mandel-Soja-Aperitif 34
Mangoaperitif, süßsauer 34
Morgentee 30
Obst, geschmort, 116
Polenta, süß 116
Reisflocken, pikant 115
Sternanis-Orangentee 30
Upma 115
Verdauungsdrink 28

Gewürzmischungen, Chutneys und Dips
Churnam, gelb 21
Churnam, grün 21
Churnam, rot 21
Ghee 22
Sherbet 21
Tridosha-Curry 21

Apfelchutney 122
Ketchup 86
Kräuter-Oliven-Dip 109
Rote-Bete-Relish 107

Von Nicky Sitaram Sabnis ebenfalls erschienen:

Das große Ayurveda-Kochbuch
150 einfache, indisch inspirierte Rezepte

Ernährung nach Ayurveda ist ein Schlüssel zu Gesundheit und Wohlbefinden. Je nach Konstitution, Stoffwechsel und Lebensweise benötigt jeder Mensch eine andere, individuell auf seine Bedürfnisse abgestimmte Ernährung. Sie soll der Körper ins Gleichgewicht bringen, für einen guten Stoffwechsel und die Ausscheidung abgelagerter Schlacken und Giftstoffe sorgen. Neben einer Darstellung der Grundlagen ayurvedischer Ernährung enthält dieses Buch 150 einfache, aber äußerst schmackhafte Rezepte.

Bücher aus dem AT Verlag

Markus Dürst, Doris Iding, Johanna Wäfler
Ayurvedisch kochen
mit den Jahreszeiten
80 vegetarische Rezepte mit einheimischen Produkten

Alice Hart
Verrückt nach Ingwer
80 süße Verführungen

Andreas Neubauer, Michael Wissing
Ingwer
Die edle Schärfe aus dem Land
des Lächelns
Anregendes, Geschichte und Rezepte

Wolfgang Hübner, Michael Wissing
Zimt
Das duftende Juwel aus
Tausendundeiner Nacht

Jill Norman
Das Große Buch der Gewürze

Tanja Grandits
Aroma pur
Meine fröhliche Weltküche

Silvena Rowe
Granatapfel, Sumach & Zitrusduft
Die schönsten Rezepte aus der
orientalischen Küche

Martina Hasse
Die Chinesische Tempelküche
Vegetarische Originalrezepte aus
berühmten buddhistischen Klöstern